JN045074

366日ディボーション

弱さと闇を照らす光

〜 神はあなたを見捨てない 〜

中村 穣

いのちのことば社

【祈りのことば】

「わたしではなく、主が成す業(わざ)として」

御言葉(みことば)に私が従うのではなく、御言葉が私のうちで指針となる道を、キリストの愛で私を補充するのではなく、キリストの愛によって私が生かされる道を、私が理解することで始まるのではなく、神様から理解されている私が始まることを切に祈ります。

御言葉によって私を知るのではなく、神様が私を知っていてくださることを愛として受け止めることができますように。

私の思いを御言葉で確かめるのではなく、私の思いが融けて、私から離れ、主の愛により、主の思いを受け取ることができるように。

神様の沈黙は神様の不在ではないこと、そして、その沈黙のうちに、神様が私の痛みを受け取ってくださっていることを知ることができるように。

また、神様が私に臨んでくださらなければ、私自身からは罪は見いだせないこと、自分を自分で変えようとせず、自分を責めず、自分の罪を静かに見据える勇気がもてるように。

そして、私がよりよい誰かになるために今があるのではなく、ありのままの自分がイエス様と歩む今でありますように。

孤独を通して、私をもう一度、神様の愛のもとに呼んでいるイエス様の静かな招きに耳を傾けることができるように心から祈ります。

【目 次】

※本文に示した聖書箇所は一部分です。ご自身で聖書を開き、その日の箇所（括弧内に記載）を読まれることをお勧めします。

引用聖書巻名（カッコ内は略）

旧約聖書

創世記（創世）
出エジプト記（出エジプト）
レビ記（レビ）
民数記（民数）
申命記（申命）
ヨシュア記（ヨシュア）
士師記（士師）
ルツ記（ルツ）
サムエル記 第一（Iサムエル）
サムエル記 第二（IIサムエル）
列王記 第一（I列王）
列王記 第二（II列王）
歴代誌 第一（I歴代）
歴代誌 第二（II歴代）
エズラ記（エズラ）
ネヘミヤ記（ネヘミヤ）
エステル記（エステル）
ヨブ記（ヨブ）
詩篇
箴言
伝道者の書（伝道者）
雅歌
イザヤ書（イザヤ）
エレミヤ書（エレミヤ）
哀歌
エゼキエル書（エゼキエル）
ダニエル書（ダニエル）
ホセア書（ホセア）
ヨエル書（ヨエル）
アモス書（アモス）
オバデヤ書（オバデヤ）
ヨナ書（ヨナ）
ミカ書（ミカ）
ナホム書（ナホム）
ハバクク書（ハバクク）
ゼパニヤ書（ゼパニヤ）
ハガイ書（ハガイ）
ゼカリヤ書（ゼカリヤ）
マラキ書（マラキ）

新約聖書

マタイの福音書（マタイ）
マルコの福音書（マルコ）
ルカの福音書（ルカ）
ヨハネの福音書（ヨハネ）
使徒の働き（使徒）
ローマ人への手紙（ローマ）
コリント人への手紙 第一（Iコリント）
コリント人への手紙 第二（IIコリント）
ガラテヤ人への手紙（ガラテヤ）
エペソ人への手紙（エペソ）
ピリピ人への手紙（ピリピ）
コロサイ人への手紙（コロサイ）
テサロニケ人への手紙 第一（Iテサロニケ）
テサロニケ人への手紙 第二（IIテサロニケ）
テモテへの手紙 第一（Iテモテ）
テモテへの手紙 第二（IIテモテ）
テトスへの手紙（テトス）
ピレモンへの手紙（ピレモン）
ヘブル人への手紙（ヘブル）
ヤコブの手紙（ヤコブ）
ペテロの手紙 第一（Iペテロ）
ペテロの手紙 第二（IIペテロ）
ヨハネの手紙 第一（Iヨハネ）
ヨハネの手紙 第二（IIヨハネ）
ヨハネの手紙 第三（IIIヨハネ）
ユダの手紙（ユダ）
ヨハネの黙示録（黙示録）

1月
現代思想の罠

1月1日

私はあなたのことを耳で聞いていました。…今、私の目があなたを見ました。

[ヨブ42：1〜6]

ヨブは、最初は「あなたのことを耳で聞いて」いたというので、神様が何かをしてくれるということは知っていたのでしょう。しかし、苦悩の果てに、「私の目があなたを見ました」と告白しています。

神様の何かに触れただけではなく、神様ご自身を体験したのだと思います。私たちも、神様に何かを願うのではなく、神様ご自身を求めましょう。必ず、神様があなたを自由にし、神様が私たちのうちに生きてくださいます。

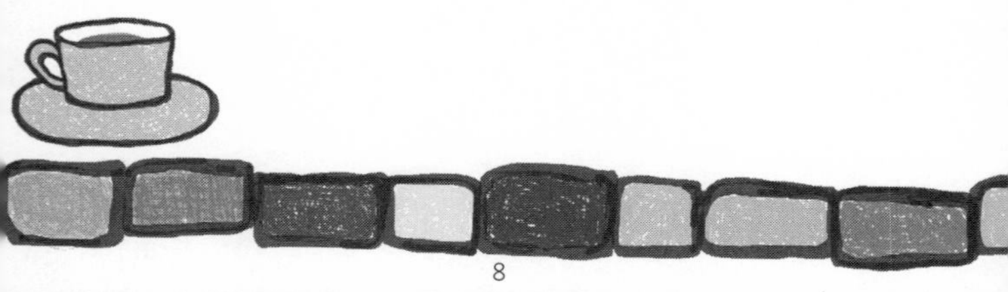

光は闇の中に輝いている。闇はこれに打ち勝たなかった。 [ヨハネ1：5]

都会の夜にはネオンが輝いていて、ビルの狭間にある星空さえ見えなくなってしまっています。今の時代は私たちの理解を超える神様は見えなくなり、神様がしてくれそうなこの世の優しさや良心しか見えないものです。星空は星の光が暗闇を強調しますが、ネオンは明るさだけが強調されます。全く違う視点の光なのです。神様の光はあなたの暗闇に愛の光を照らします。そこに希望の光が輝きます。ネオンは自分を知るためだけの神様しか見せないのです。

1月3日

この人は多くの罪を赦されています。彼女は多く愛したのですから。 [ルカ7：47]

ただ神との深い関係だけを求めなさいと、トマス・ア・ケンピス※は、著書『キリストに倣いて』で言いました。それは、自分の都合で物事を求めるのをやめて、唯一自分の存在を確かにしてくださるイエス様の愛だけを求めなさいということです。あなたという存在の出発地点はあなたの中にあるのではなく、イエス様の愛から始まります。誰かになるために生きているのではなく、あなたはあなたのままで素晴らしい存在だとイエス様は言ってくれるのです。

※トマス・ア・ケンピス（1379-1471）。ドイツ、オランダで活躍した思想家。聖アウグスチノ修道会の司祭

「主よ、もう十分です。私のいのちを取ってください」[I列王19：4]

神様は問題を解決してくださると信じていると、解決してくれたときはいいのですが、解決してくれないとき、不安が訪れます。何でもできる神様なのに、どうして解決してくれないのかと悩むし、もう私のことは関心がないのかとつらくなります。でも、解決してくれなくても、そこに神様はいます。どうやって、それを知ることができるでしょうか？　それは、解決しない向こうに人間の思いを超える神様の計画と解決があると信じることです。

1月5日

私は山に向かって目を上げる。私の助けは どこから来るのか。［詩篇 121:1、2］

はっきりした信仰をもちたいと願うことが多い時代です。これが間違いです。信仰生活においてはっきりするのは、これをしたらうまくいくという方法や、いつも正解が見えて失敗のない歩みができるという確信ではなく、ただそこに神様がいてくださるということだけです。ゆえに目の前に広がる状況をはっきりさせて、何をしたらいいのか教えてほしいと願っていると信仰が見えなくなります。そうではなく、神様を見上げていきましょう。

1月6日

一部分しか知りませんが、そのときには、…私も完全に知ることになります。

[Iコリント13：12]

現代は理解することが第一です。でも、神様を理解することは不可能なのです。はっきりさせようとするその先に神様はいません。超越した神様は私たちの理解を超える、わからない先にいます。だから希望なのです。わからないときに神様が光を与えてくれます。愛がないと落ち込むときに、神様が私を超えるところから愛を注いでくださるのです。私たちは神様をはっきり認識するのではなく、鏡におぼろに映ったものとして見ているのです。

1月7日

喜んでいる者たちとともに喜び、泣いている者たちとともに泣きなさい。
[ローマ12：15]

現代はどうしたらうまくいくかと考えすぎです。信仰にうまくいく最短距離はありません。イエス様の人生は事をうまくこなす最短距離の人生ではありませんでした。痛みに寄り添い、時にその足を止め、涙があるところに寄り道してくれた歩みです。どうしたらうまくいくかと考えないで、信仰をもってそこにある痛みに十二分に寄り添い、うまくいかないとわかっていても、しっかり時間をかけてそこにいる人を愛していくしかないのです。

神の御霊(みたま)に導かれる人はみな、神の子どもです。
[ローマ8：14]

この時代に生きる私たちの信仰をいちばん惑わしているものはなんでしょうか？　弱さでも、捨てられない習慣でも、疑い深さでもありません。それは、「目的意識」です。私たちは知らないうちに、この目的意識で信仰を計ってしまっています。聖書が読めなかった、祈れなかった、もっとやさしくできていればと自分を責めるのです。でも、覚えなくてはいけないのは、たとえ、聖書を読めなくても、祈れなくても、神様はあなたを変わらず愛しているのです。

1月9日

聖霊によって、神の愛が私たちの心に注がれているからです。 [ローマ5：5]

目的意識をもって生きようと多くの人は言いますが、実は目的意識は人を苦しめるものです。自分が赦されるためにイエス様の愛を受け取るのは自分のためです。自分のために何かを求めることって実はしんどいですね。イエス様の愛はそこからあなたを解放します。赦されることではなく、自分の思いに支配されているあなたの心を神の愛で満たしてくださいます。赦しだけを求めるのではなく、自分を注ぎ出すイエス様の愛を受け取りましょう。

私たちが神を愛したのではなく、神が私たちを愛し、私たちの罪のために、宥(なだ)めのささげ物としての御子(みこ)を遣わされました。ここに愛があるのです。

[Iヨハネ4：10]

どうして目的意識が人を苦しめるかというと、私たちの信仰の行動を私から始めさせてしまうからです。私たちは信仰の行動を神様から始めるべきです。聖書を読むのは神様を知りたいからではなく、神様の愛を受け取って神様を愛しているからです。祈るのは神様に願いをかなえてほしいからではなく、神様の愛を受け取って神様を思う愛があふれているから祈るのです。信仰の行動は、私の信仰を証明する行動ではなく、神様への愛の応答なのです。

1月11日

あなたはいろいろなことを思い煩って、心を乱しています。しかし、必要なことは一つだけです。

［ルカ10：41、42］

自分で何かをしようとするとき、神様が見えなくなることがあります。19世紀のフランスにいつも祭壇の前で祈っている物静かな修道女がいました。奉仕から帰った先輩たちにどうして手伝わないのかと言われた時に彼女は「奉仕をするために神様を愛するのではなく、神様を愛する目的で神様を愛している」と答えました。彼女は先輩たちの心に平安が無かったことに気がついていたのです。私たちも神様を愛する心を大切にしたいですね。

やめよ。知れ。わたしこそ神。わたしは国々の間であがめられ　地の上であがめられる。

［詩篇46：10］

「もうどれほどでしょう、明日でしょうか。そして明日でしょうか？　なぜ今でないのですか？　なぜ今が私の汚辱の終わりでないのですか？」とアウグスティヌス※は『告白』の中で祈っています。

私たちがどれだけ頑張って祈っても、努力しても、神様が私たちのところに来てくださらなければ神様を見いだせないのです。だから、神様を見つけるために何かをするのではなく、神様の声を聞けるように、心静かに待つのです。必ず届く神様の声です。

※アウレリウス・アウグスティヌス(354-430)。ローマ帝国(西ローマ帝国)時代のキリスト教の神学者、哲学者、説教者。ラテン教父の一人

1月13日

聖書は、わたしについて証し（あかし）しているものです。

［ヨハネ5：39、40］

聖書を読むとき、人生の指針となることばを探すのではなく、神様と出会うために読みましょう。もっと神様のことがわかるように祈るのではなく、祈りの中で神様と出会ってください。私たちが目的意識をもつと、自分で自分の人生をコントロールし始めてしまうのです。目的意識は信仰を作り上げませんが、神様から信仰をもらうとき、私たちは神様を愛するという唯一の目的を神様から受け取ります。私たちの人生の目的は神様からくるのです。

1月14日

神の様々な恵みの良い管理者として、その賜物（たまもの）を用いて互いに仕え合いなさい。　[Iペテロ4：10、11]

賜物を生かすことが神様から喜ばれることだと思ってしまうときがあります。でも、それは間違いです。賜物を生かすという目的で生きてしまうと、優先順位が神様よりも、自分の賜物を生かすことになってしまいます。生かせるときはいいですが、失敗したりすると目的を見失って落ち込んでしまいます。賜物を生かすのは神様であって、私ではないのです。私たちは神様を愛することが生きる目的ですから、どこまでも神様を愛していくのです。

1月15日

するとレビは、すべてを捨てて立ち上がり、イエスに従った。　［ルカ5：27、28］

スケジュール帳に空欄があると不安になるし、月の予定が埋まるとほっとする私たちです。私たちの心は達成感や優越感でいっぱいかもしれません。神様と出会う必要のある私たちはまず、自分の予定を神様のために空けないといけません。また、心には夏の青空のような空白が必要です。何かをするのではなく、ただ神様を愛するのです。それは心を神様に明け渡し、どこへ行くのかわからなくても安心して進めるような信頼をもつことです。

1月16日

私たちは互いに愛し合いましょう。愛は神から出ているのです。　[Iヨハネ4：7]

ある日、妻を愛そうと思って自分のできる限りのことをしたことがあります。掃除をして、ご飯も作り、子どもをお風呂に入れました。これで愛が伝わったかなと思っていたら、

寝る前に妻から「ただ隣に座って、愛していると言ってほしかった」と言われて愕然としました。人を愛することができるとき、それは神様にあって、自分を差し出すときです。相手のやり方で、相手のしてほしいことを受け入れて、実行することが愛なのです。

1月17日

彼は地に倒れて、 自分に語りかける声を聞いた。

[使徒9：3、4]

目の前に妻がいるのに、妻を見ないで自分の目につくところばかりを見ていた私です。妻を愛するという目的意識だけが私の心を支配し、妻の気持ちに寄り添うことができなかったのです。本当に愛のない私でした。そして、神様の前にも、同じ姿であると気がつきました。神様がそばにいるのに、神様をどう愛そうかと考えてばかりいて、神様が見えなくなっていました。神様はそんな私を変わらず愛で包み込んでくださったのです。

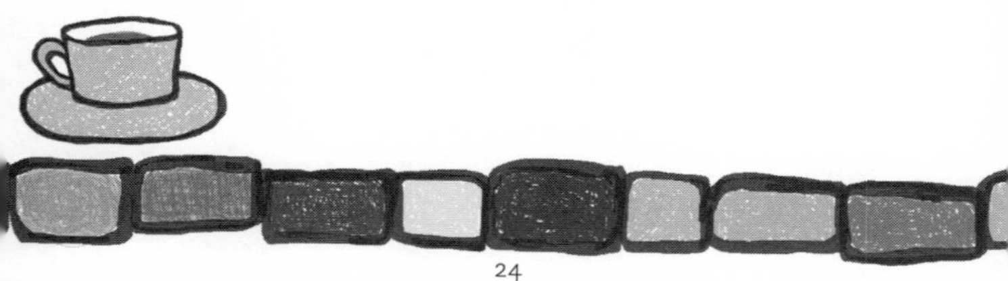

1月18日

互いに愛し合うなら、神は私たちのうちにとどまり、神の愛が私たちのうちに全うされるのです。

[ヨハネ4：11、12]

目的意識をもって今日のみことばを読むと、愛し合いなさいと言われているように感じてしまいます。でも、聖書のことばは神様が愛の存在であり、私たちと共にいてくださることを教えることばです。そのことを踏まえると、神様が愛のお方で、その愛の内にいる私たちは互いに愛し合う愛を頂いているのだということを教えていることがわかります。そして互いに愛し合うとき、私たちは神様がそこにおられることを知ることができるのです。

1月19日

彼らをお赦しください。彼らは、自分が何をしているのかが分かっていないのです。 [ルカ23：34]

「愛は地球を救う」というキャッチフレーズでは世の中は平和に進まないものです。それはその愛が何なのかが定義されてないからです。相手を傷つけないために何も言わないというように、日本は思いやりを通して愛を見いだそうとする社会です。でも、それは利己的で自分を守るかたちで愛ではありません。相手を傷つけないことと、相手に心を注ぎ出す愛は違います。イエス様は私のために傷つくことを引き受け、死んでくださったのです。

1月20日

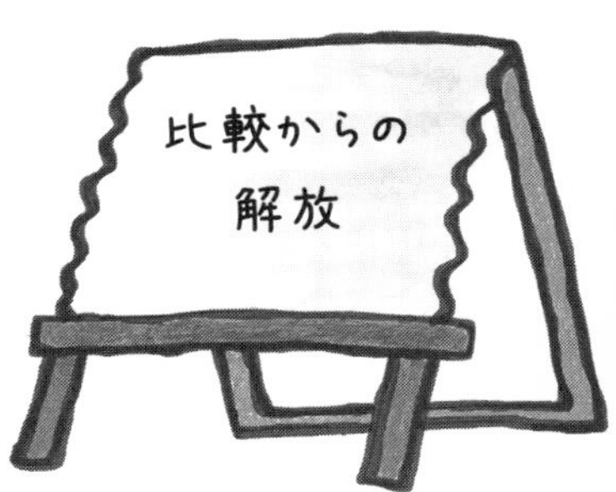

キリストの貧しさによって
富む者となるためです。
[IIコリント8：9]

私たちはギブ＆テイクに慣れすぎていて、無償で何かを受け取るのが苦手です。イエス様の愛を受け取るときに、まずはこの比較社会から脱する必要があります。そうでないと、全てをささげるイエス様の愛が重たく感じられ、受け取れなくなるからです。こんな私のために死ななくてもよかったのにと感じてしまうようになります。十字架の赦しは私が何か喜ばれることをしたり、悔い改めたからあるのではないことを覚え、主の前に出ましょう。

1月21日

私たちの罪のためにご自分を与えてくださいました。
[ガラテヤ1：4]

「私たちの罪のためにささげられた」というイエス様の愛が少し違うニュアンスで解釈されているように感じています。日本語の「ために」ということばは目的を強調しますが、ギリシア語では罪を「覆う」という事実を表しています。私たちの罪のためにと解釈すると、私が中心になりますが、イエス様の犠牲の愛が私たちの罪を覆うと解釈するとそこにイエス様の愛が中心になります。赦されることの本質はイエス様の犠牲の愛なのです。

1月22日

まだ罪人であったとき、キリストが私たちのために死なれたことによって、神は私たちに対するご自分の愛を明らかにしておられます。
[ローマ5：8]

悔い改めるとき、私たちが知る必要があるのは、私たちが悔い改めたから赦しがあるのではないということです。イエス様は私たちがまだ罪人の時に死んでくださいました。私たちが赦されたのは、十字架の上、2000年前です。それは全てにおいてイエス様の愛と父なる神様の犠牲によるのです。私たちはその完全な赦しを主と出会い、受け取ったのです。赦しは悔い改めの前にあります。それゆえに神様のほうに方向転換することができるのです。

1月23日

行いによるのではありません。だれも誇ることのないためです。　[エペソ2：8、9]

神様の前に出るときには誇るものを何ももっていないほうがいいのです。なぜなら、本当のあなたはあなたの中からではなく、神様から始まるからです。もし、自分にはこれがあると何かを握りしめていたら、神様から与えられる自分を受け取れなくなります。本当の賜物はあなたの能力の上にあるのではなく、何もないあなたの心に神様が与えてくれる奇跡のことです。あなたが全てを明け渡すとき、神様があなたを満たしてくださるのです。

あなたがお望みになることが行われますように。

[マルコ14：36]

あなたが何かの計画を立てた後にすることがあります。それはその計画を神様にゆだねることです。自分の計画として握りしめているとうまくいかないものです。でも、それを主にゆだねるとき、目的が変わります。その計画を達成することではなく、その計画がどうなろうと、そこに神様の思いがあることを知ることができます。そして、あなたの計画よりも大きな神様の計画があることを知るのです。神様の愛が唯一の目的となるのです。

1月25日

あなたがたは私に悪を謀りましたが、神はそれを、良いことのための計らいとしてくださいました。

［創世50：19、20］

人を赦そうと思っても赦せないものです。そんなときには、落ち込んで、もう神様が遠くに感じて途方にくれたりしませんか。私たちの心は箱みたいなものです。箱の中に赦したいという思いがあると、心の箱はいっぱいになってしまいます。そうすると、神様からの力や計画を受け取れなくなってしまうものです。あなたが本当にその人を赦したいときには、その思いを主にゆだね、心を空にすることです。そこに神様からの赦しがくるのです。

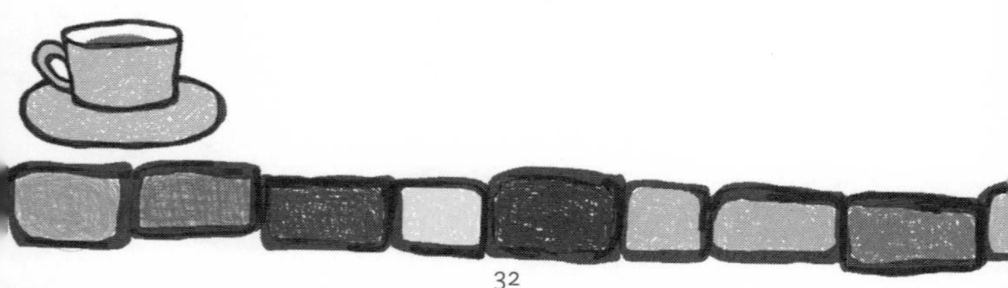

1月26日

仕えることを喜ぶ霊で 私を支えてください。

[詩篇51：12〜14]

私たちが神様を愛そうとするとき、私たちの意思は愛することに一生懸命になってしまい、神様が愛の方であることを忘れてしまいます。私たちが信仰をもって従おうとする時、私たちの意思は従うことに一生懸命になってしまい、神様が指針であることを忘れてしまいます。私たちが人に何かしようとするとき、私たちの意思はすることに一生懸命になってしまい、相手の思いや心の傷を受け取る余裕がなくなってしまうものなのです。

1月27日

キリストは私たちのために、ご自分のいのちを捨ててくださいました。それによって私たちに愛が分かったのです。　[Ⅰヨハネ3：16]

やりがいを求めているときは、神様に自分がどれだけのことができたかと考えます。しかし、生きがいを求めているときは、神様が私を生かし、私を用いて、私を導いてくれていることに平安を感じるものです。それは上からくるもので、やりがいの先にはないものです。やりがいは達成感でこの世界のもの。でも、生きがいは上からくる生きる喜びです。それは、神様からしか来ないのです。神様に愛されていること。これが信仰の原点です。

1月28日

一人ひとりに御霊の現れが与えられているのです。
[Iコリント12：6、7]

何か意見が違うとあなたはあなたの信仰で、私は私の信仰ですと考えることがあります。一見、お互いを尊重しているようにも感じますが、ここからは愛は始まることはないのです。それは人間から始まる視点だからです。それよりも、神様は愛の方で、その愛で愛されている私たちであるという視点を大切にしていきましょう。愛されている私たちはそれぞれの違う道へと神様が導かれるのです。あなたにしかできないことがあるのです。

1月29日

神のいつくしみ深さがあなたを悔い改めに導くことも知らないで、その豊かないつくしみと忍耐と寛容を軽んじているのですか。

[ローマ2：4]

私たちが葛藤するとき、どうしてまた同じ悩みを繰り返すのかと思い悩みます。でも、それは間違いです。主にあって同じ葛藤はないのです。まず、私たちは自分の力で罪を見られないのです。神様が光を照らさない限り、罪は見られません。ということは、罪を見て葛藤しているとき、それは神様があなたの状態を責めているのではなく、あなたを昨日よりも今日、呼んでいるのです。あなたの葛藤するところに神様が光を照らし続けてくれているのです。

1月30日

「…でも、おことばですので、網を下ろしてみましょう。」
［ルカ5：5］

神様に導かれているかどうかの判断は簡単です。これをしようとあなたの手で握りしめているものがあるときは違います。それはあなたが神様の力を借りて、自分のしたいことをしているだけです。神様に導かれているときは、何でもできるようになるはずです。握っているもの以外でも、したくないと思っていたことでも、それはうまくいかないだろうと思っていたとしても、それを喜んでできるときは、確かに神様があなたを導いているときです。

1月31日

私たちは、イエスの辱めを身に負い、宿営の外に出て、みもとに行こうではありませんか。

[ヘブル13：12、13]

「イエス様はありのままのあなたを愛している」とよく言いますが、実はそのままのあなたでいるのはつらいことです。本当は変わりたいと思っているのが人間です。自分のことばかり考えてしまう自己中心さや相手の憎む思いをもっているとつらいものです。十字架はそのままのあなたでは光を見いだせないとまずは失望を突きつけますが、それはあなたを見放すためではないのです。あなたを絶望から救うのはイエス様しかいないと知らせるためなのです。

2月
心の暗闇と弱さ

自分はダメな人間だ
闇へ沈む
沈む
沈む
光がそばに座ってくれた

2月1日

主よ あなたは私を探り 知っておられます。

[詩篇 139：1、2]

信仰は神様を信じる力ではなく、神様の信頼を受け取ることです。そのとき、あなたが神様を信じる前に神様があなたを見つけてくださり、あなたを愛し続けてくださっているということを知るのです。あなたが神様を見失いそうになっても、自分の弱さに押しつぶされそうになっても、居場所がなく、孤独を感じるときでも、神様は変わらずあなたを導き続けてくださいます。主はあなたを見捨てないことを信頼し、その信仰を受け取っていきましょう。

人はうわべを見るが、主は心を見る。

[Iサムエル16：7]

人は自分の弱さを知らなければ、本当の自分と出会えないものです。私たちは弱いです。頑張っても失敗したり、うまくできないとき、自分を責めてしまいます。しかし、だれがその弱さを弱さとしたのでしょうか？　失敗が失敗で終わらないことが人生には多々あります。失敗を知らない人は痛みに寄り添えなかったりするのですから。私たちは、弱さではない、その弱い部分を受け入れたとき、そこに神様の光が届くことを体験するのです。

2月3日

「…わたしの力は弱さのうちに完全に現れるからである」
[IIコリント12：9]

人が自分の弱さを通して神様を知るとき、本当の信仰が与えられます。その弱さは、何かと比べて足らないという弱さではなく、神様が私に与えてくれたものとしての弱さです。それは、あなたを謙遜にし、へりくだらせます。弱さを通して与えられる信仰は、あなたが神様を知る手段ではなく、イエス様がこんな弱いものをも知っていてくださることを教えてくれます。「信仰はあなたの魂を照らす神の光」（ジョン・ウェスレー）※なのです。

※ジョン・ウェスレー（1703-1791）。18世紀のイングランド国教会の司祭で、その後メソジスト運動と呼ばれる信仰覚醒運動を指導した人物。

2月4日

人生の喜びは痛みの中に

すべてのことがともに働いて益となることを、私たちは知っています。 [ローマ8：28]

イエス様の十字架の愛から新しい自分を受け取るとき、私たちは自分のはかりから解放されます。自分では失敗だと思っても、その失敗をイエス様が用いて、新しい希望の光を輝かせてくれます。自分は弱さだと思っていたところを主が用いてくれるのです。ゆえに、私たちは自分自身を主の前に「私を用いてください」と差し出すことができるのです。どうしてかわからないという痛みがあるかもしれません。でも、主は光を輝かせてくれるのです。

2月5日

成長は下向きなもの

何も思い煩わないで、 あらゆる場合に…願い事を神に知っていただきなさい。 [ピリピ4：6、7]

上向きな成長を目指していると、何かを成し遂げる自分だけを自分としてしまうようになります。そうするとできない自分は意味がなくなってしまいます。でも、人生に「できない」は大切です。失敗して怒るとき、うまくできなくて悔いるとき、誰も自分のことをわかってくれないと孤独に感じるとき、深い闇におおわれた井戸の底のようなあなたの心にもイエス様の光があることを知ることができる。そのための「できない」だということを知ることは宝です。

わたしの戒めを守るなら、 わたしの愛にとどまっているのです。 [ヨハネ15:9、10]

救われた時の情熱がなくなると、不安になったりします。自分は少しずつ神様から離れてしまっているのだろうかと。でも、そんなときに知っていてほしいことがあります。それはあなたが葛藤している限り、神様から離れていないという事実です。もし、あなたが神様から離れていたら、無関心になり、葛藤もしなくなるはずです。今葛藤しているということは、イエス様があなたの罪深さを見せ、そのところを愛で覆おうとしているのです。

2月7日

なぜなら、…いのちの御霊(みたま)の律法が、…あなたを解放したからです。　[ローマ8：2]

神様を感じなくなって、もう信仰が弱くなってしまったと思ってしまう弱い私たちですが、厳密にいうと、私たちの信仰が弱くなることはないのです。私たちの信じる力が無くなったとしても、イエス様が私たちに信仰を与えてくださるからです。私たちが希望の光を見失っても、イエス様は私たちを信仰の光で照らし続けてくださいます。イエス様はあなたを諦めないお方です。ですから、私たちの信仰は弱くはなりえないのです。

わたしは光として世に来ました。

[ヨハネ12：46、47]

私たちは苦悩がなくなれば、希望が見えると勘違いしています。問題が解決することが本当の問題解決にならないということを知る必要があります。問題の解決ではなく、解決してくださる神様に出会うしか本当の解決になりません。聖書に「光は闇の中に輝いている。闇はこれに打ち勝たなかった」（Ⅰヨハネ1：5）とあります。暗闇が終わったら希望である光が来るのではなく、私たちが暗闇の中にいる時にイエス様は光として私たちのそばにいてくださるのです。

2月9日

すべて疲れた人、重荷を負っている人はわたしのもとに来なさい。 [マタイ11：28]

光が闇の中に輝くということは、光であるイエス様は私たちの暗闇を照らしてくださるということです。

イエス様は私たちの弱さを責めたりするお方ではありません。私たちの暗闇や弱さを照らすとき、それは、イエス様が私たちを招いてくださっているのです。イエス様は愛をもって、私があなたを助けるから、ありのままの、その姿で、私を信じて、私のところに来なさいとあなたを招いてくださっているのです。

2月10日

人のたましいを滅びの穴から引き戻し、いのちの
光で照らされる。　　　　　　　[ヨブ33：28～30]

私たちは自分の力で自分の心の暗闇や弱さを見ることはできません。イエス様が光を照らさない限り、私たち自身では罪は見いだせないのです。私たちが自分の罪を見るとき、それはイエス様がそれを見せているのです。私たちが自分の弱さのせいで苦しみにあうとき、その苦しみの向こうにイエス様の愛があることを知ることができるのです。信仰者にとって、苦しみは苦しみで終わりません。苦しみを通して神様を知ることができるからです。

2月11日

恐れるな。わたしはあなたとともにいる。たじろぐな。わたしがあなたの神だから。[イザヤ41：10]

私たちの苦しみは神様がいないと感じるところから生まれます。神様は私を見放したのではないだろうかと思うとき、人は苦しくなります。そして自分で自分を責めてしまうのです。本当はそこに神様はいるのに、感じないからといって、私たちは神様の不在を作り出します。そんなときは思い出してください。十字架の上で、どうして私を見捨てるのですかというイエス様の声を、涙を流しながら聞き、その思いを受け取っていた父なる神様がいることを。

理解ではなく意味を見いだす

その注ぎの油が、すべてについてあなたがたに教えてくれます。 [Iヨハネ2：27]

理解できなくても意味を見いだせれば何でもできるものです。どうして神様は私にそれをやりなさいと言うのか理解できなくても、神様からのうながしがあれば、意味を見いだせます。私たちの生きる目的が神様を愛することになると、生活の中のことも全てが神様の愛のうちにあることですので、意味を見いだすことができます。でも、時に理解しようとすると苦しくなるのです。それは自分の自我が強く働き、物事を計算しだすからです。

2月13日

御霊ご自身が、ことばにならないうめきをもって、
とりなしてくださるのです。　[ローマ8：26]

神様の沈黙はあなたを無視しているのではないのです。あなたの痛みを受け取り、もう一度あなたを招く、静かにささやく声がそこにあるのです。それはふだんの耳では聞こえないもの。自分から始まる思いや願いが邪魔をしてふだんは気づけない声。あなたの心を静め、心のうめきをじっくりと見つめましょう。この沈黙は神様の不在ではなく、絶望からでも希望を生み出せる神様の奇跡のためにあり、あなたを呼んでいる愛の沈黙なのです。

あなたのわざを主にゆだねよ。そうすれば、あなたの計画は堅く立つ。 [箴言16：3]

「人は揺らぐものだけれども、主はいつも私たちを立ち直らせてくださる」ことを知ることは大切です。私たちは揺らがないように生きたいと願うゆえに主がそんな私を立ち直らせてくださるということを忘れがちです。時に、私たちはくじけたりすることを恥じます。でも、人間は機械じゃないのです。

人の気持ちは状況によって変わるものです。でも、それを恥じるより、そこから神様を信頼していく私でありたいと思います。

2月15日

揺れる私でいいのです

主の息吹がその上に吹くと、 草はしおれ、 花は散る。まことに民は草だ。 [イザヤ40：7、8]

人が自然の木々を見て癒やされるのは、木や草や花は風が吹くと揺れる、その微妙な揺れが人間の脳に癒やしを与えるという実験結果があるそうです。人間が作るビルは通常揺れないように、崩れないように作ります。でも神様は草や木が揺れるように創ったように、人間も揺れるように創られたんだと思います。そこには神様の愛があります。それは、私たちが揺れることを通して神様をより深く知ることができ、神様の愛に気づけることです。

2月16日

古いものは過ぎ去って、見よ、すべてが新しくなりました。 [IIコリント5：17]

ホロコースト[※1]を体験した神学者エマニュエル・レヴィナス[※2]は、今まで自分の内に築き上げた神学も愛も、全ての指針が崩れ去り、神の前に絶望し、光のない暗闇を経験しました。苦悩の中、死にたいと願う彼には明日がくることが苦しみでした。でも、ある時、自分の思いの外から「それでも、明日がくる」ことに一点の光を見いだしました。自分が神様により「生かされている」ことを知り、主と共に生かされる新しい自分が神様から始まる体験をしたのでした。

※1第二次世界大戦中の国家社会主義ドイツ労働者党(ナチス党)率いるナチス・ドイツがユダヤ人などに対して組織的に行った大量虐殺
※2エマニュエル・レヴィナス(1906-1995)。フランスで活躍したユダヤ人神学者・哲学者

2月17日

主は心の打ち砕かれた者の近くにおられ　霊の
砕かれた者を救われる。　[詩篇34：18、19]

神学者エマニュエル・レヴィナスは「人間の義」を「他者のために自分（の心）が壊されること」であると定義します。義というと、自分の心の中に正しさをもつイメージがありますが、彼は逆に自分の心が壊されることだというのです。それは、私の心が主によって壊され、その隙間から主の恵みが放たれ、義を現すからです。私が自分の心に義をため込むと、他者を非難し始めてしまうのです。義となる私たちは心を砕き、神様に私の心をゆだねるのです。

2月18日

御父(みちち)は、私たちを暗闇の力から救い出して、…ご支配の中に移してくださいました。［コロサイ1：13］

どれくらい変わったかという証(あか)しを自分の内側に探してしまう傾向があります。でも、変化があるかないかが証しではありません。なぜなら、自分が変わるためにイエス様は十字架の上で死なれたわけではないからです。イエス様は、自分を優先してしまう私を救うために十字架に架かりました。心の奥に暗闇をもつような私にさえも愛を注いでくれます。その愛がどれだけ私の心を支配し、イエス様の意思を受け継いでいるかが本当の証しなのです。

2月19日

あなたがたは律法の下(もと)にではなく、 恵みの下にあるのです。 [ローマ6：14]

自分で自分を変えようとすると、思い通りにならず、苦しくなります。そのような私たちは律法の下にいるのです。私たちは神様の愛が私たちを変えてくださることを信じるのです。それが恵みの下にある自分です。自分の弱さは無くなるのだろうか、と考えている姿はそこにはないはずです。そこにあるのは、神様の愛が弱い私たちを愛の方向へと変えてくださると信じる私たちの信仰です。神様の恵みを信じて共に歩んでいきましょう。

2月20日

罪に対して死んだ者であり、 神に対して生きている者だと、認めなさい。 [ローマ6:11]

私たちは神様の子とされた後も、罪の奴隷になり続けるわけではありませんが、自分の中の「罪へと向いてしまう性質」との戦いはありえるのです。私たちは死ぬまで罪と戦い続けるのでしょうか？　そうではないはずです。罪に対して死ぬとは、罪ではなく、キリストのほうを向くことです。キリストにあって神に生きるとは、キリストを信頼して生きることです。恵みの下にある私たちは罪に支配されず、主にあって自由なのです。

2月21日

神様が罪を見せる理由

「…わたしが来たのは、正しい人を招くためではなく、罪人を招くためです。」 [マタイ9：13]

「人は、罪を自覚していても、神の好意のうちにとどまることができます。しかし、もし罪に屈してしまうなら、そうではありません。内に罪があることを感じることが、神の好意を失うことにはなりません。罪に屈することが恵みを失うことにつながるのです」（ウェスレー説教13）。私たちは自分では罪を見ることはできないものです。神様が恵みのうちに私たちに罪を見せるのです。それは、罪あるところに神様の恵みが支配するためです。

シオンは公正によって贖われ、その町の立ち返る者は義によって贖われる。 [イザヤ1：27]

救われたら自分の全てが良くなると思うと、救われてもなかなか変わらない自分の姿を見て、自分は本当に救われたのであろうかと疑ってしまいます。救いとは信仰のスーパーマンになることではなく、神様を第一に従い、共に生きることです。ここから聖霊に導かれて歩む新しい人生が始まるのです。人間の内に残存しているプライドや自己中心さに神様が光を照らされます。その時にそれらを素直に引き受け、主の前に悔い改めるのです。

2月23日

神は、どのような苦しみのときにも、私たちを慰めてくださいます。 [IIコリント1：4、5]

死に打ち勝ったイエス様が与えてくださるのは、私たちの苦しみは苦しみで終わらないという希望です。

私たちが苦しむとき、そこにイエス様がいて、その苦しみは私の苦しみだと言ってくれます。イエス様の苦しみがそこにあるということです。私たちが苦しむのは、人のためなのです。苦しみの中に慰めがあることを伝えていくためなのです。それは主イエス・キリストの十字架という架け橋が私たちにくださった変わることのない希望です。

「…断食と涙と嘆きをもって、 わたしのもとに帰れ。」 [ヨエル2：12、13]

何も変わらない自分を見て本当に自分は救われたのかと嘆いてしまうときがあります。そんなときは自分を見ることをやめて、隣にいる人のために祈りましょう。嘆きをもつあなたが、絶望の中にいる隣人に寄り添い、共に涙をもって十字架のもとにくだるとき、そこに神様の愛は現れるはずです。なぜなら、あなたの嘆きがあるところに、イエス様の苦しみもあるからです。あなたの嘆きは人のためにあることを知るのです。

2月25日

私にとって生きることはキリスト、死ぬことは益です。
[ピリピ1：21]

神様を探すという動作で、神様を見つけることはできません。探すのをやめ、自分の暗闇を見つめるとき、その奥に神様の一点の光が輝くのです。その輝きは理解を超え、私の存在を照らし、生かされていることを教えます。「生きることはキリスト、死ぬことは益です」とパウロのように、私が神様を知るのではなく、神様が私を知ってくださるという恵みを体験します。なぜなら、私は死を通してもキリストによって生かされているからです。

キリストのうちにこそ、神の満ち満ちたご性質が
形をとって宿っています。　［コロサイ2：9、10］

本物の神様の愛を受けるときに、私たちは、自分の必要を離れ、もっている葛藤を越えて、ただ神様の愛に包まれていることに気づくはずです。願いが叶ったり、葛藤が終わることではなく、願いや葛藤のただ中にイエス様が共にいてくれることが私たちの本当の希望であることを知ります。私たちが葛藤をもった、そのままの姿で、ただ神様を見上げるとき、私たちが神様ご自身の内に買い取られている存在であることを知るのです。

2月27日

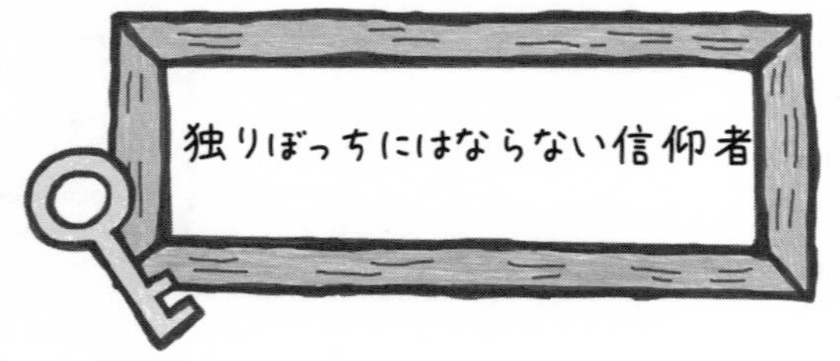

「イエス様。あなたが御国に入られるときには、
私を思い出してください。」　[ルカ23:42]

私たちはたとえ孤独になっても一人ぼっちにはなりません。それは、イエス様がどんな時もそばにいてくださるからです。パウロは試練の中で、脱出を求めるのではなく、そこに慰めがあるということを忘れませんでした。それは、イエス様が試練の中で共にいてくれると信じたからです。十字架の上の犯罪人もイエス様がどんなことをしてきたかは知りませんでしたが、確かに今、自分と共にいてくれることを感じていたのだと思います。

2月28日

キリストは…自らを低くして、死にまで、それも
十字架の死にまで従われました。 [ピリピ2：6〜8]

私たちがまだ罪人であった時、イエス様は私たちのために死んでくださいました。私たちが自己中心に自分のことしか考えられない時に、イエス様はご自分を低くし、この地上に下り、十字架の上で自己犠牲の愛を現してくださいました。ここで、自分の無価値さを見るのではなく、イエス様のへりくだる愛を受け取りましょう。信仰は、自分の信仰の力で自身の価値を勝ち取るものではなく、恵みの中で自分を低くする、へりくだる道なのです。

2月29日

もはや奴隷ではなく、 子です。子であれば、 神による相続人です。 [ガラテヤ4：5〜7]

神様から与えられる信仰により、新しい自分が始まるのです。それは、自分のためではなく、「人のためにある自分である」ということを見つけ、神様の犠牲の愛に生きる者とされることです。そのために、罪人のかしらとして十字架の前に謙遜に出る必要があります。そのときに、「キリストなしでは生きていけない」という信仰の最上級の告白ができます。 自分を誇るのではなく、贖いの内に生かされている者として、主を誇る信仰です。

3月
子なる神（受難）

イエス様がたどった道
弱さをたずさえて
孤独に歩んだ道

さあ 私たちも歩もう
主の愛の希望の道を

3月1日

わたしは羊たちのために自分のいのちを捨てます。

[ヨハネ10：14〜18]

イエス様が伝道活動を始めた時、カナの婚礼（ヨハネ2：1〜11）で、「わたしの時はまだ来ていません」と言います。のちに弟子たちにも同じように言っています。これらのことばは目の前の事柄ではなく、十字架のことを語っています。「まだ」ということは、「わたしの時」を使命をもって父なる神様から受け取っていたことがわかります。使命を握りしめ、誰にも理解されない孤独な道を、私たちが神様のもとへ帰るために、イエス様は父なる神様を信頼し、歩まれたのです。

「『見よ、あなたの救いが来る。見よ、その報いは主とともにあり、その報酬は主の前にある』と。」

［イザヤ62：11］

棕櫚(しゅろ)の日曜日※にイエス様は自分の時を成就するためにエルサレムへ向かいました。「見よ、あなたの王があなたのところに来る」という旧約聖書（ゼカリヤ9：9）にある預言を成就するため、イエス様はろばに乗ってエルサレムへ入りました。

イエス様の十字架の希望は、神様が天地を創られた時からの希望で、旧約聖書時代を通して語り継がれてきたものでした。この世にその希望が放たれる時を、イエス様は迎えたのです。

※イエスがエルサレムに入城する際、群衆は棕櫚の枝を切って敷いた。イエス復活1週間前の出来事

3月3日

子ろばをイエスのところに引いて行き、自分たちの上着をその上に掛けた。イエスはそれに乗られた。

［マルコ11：7〜10］

イエス様は旧約聖書時代からメシアとして待ち望まれていた存在でした。また、人々は当時の社会に不平不満をもっていましたが、ローマ帝国の支配から解放してくれる力強い王様を求めていました。しかし、イエス様は軍事的、政治的に国を変える力強い王様としてではなく、ろばに乗った弱そうな王様として、人々の苦悩に寄り添う、謙遜でへりくだった姿でエルサレムへ入りました。それは、十字架の上で私たちの罪を贖（あがな）うための道でした。

一粒の麦は、 地に落ちて死ななければ、一粒のままです。しかし、 死ぬなら、豊かな実を結びます。

[ヨハネ12：20～28]

「人の子が栄光を受ける時が来ました」とイエス様が言われます。エルサレムへ入った直後のことです。人々はイエス様にホサナと叫び、なつめやしの枝を持って盛大に王を迎えます。でも、イエス様は孤独に十字架に向かっていたのです。そして、自分のことだけを第一にするものはいのちを失うが、自分のいのちを第一としない人は永遠のいのちへと導かれると語りました。イエス様は葛藤しながらも父なる神様からの使命を受け取っていたのです。

3月5日

「『わたしの家は…祈りの家と呼ばれる』と書いてあるではないか。それなのに、おまえたちはそれを『強盗の巣』にしてしまった。」 [マルコ11：15～18]

イエス様がエルサレム宮殿の庭に入ると、ささげるための鳩が売られていたり、商売をしている人たちがいるのを見てお怒りになりました。それらは効率よくささげものができるようにと便利さを考えてのことで、悪いことではありません。でも、イエス様はお怒りになりました。それは、その場所が聖別され、祈りの家となるべきだからです。信仰はうまくこなすのではなく、面倒くさいことでもやるという姿勢が大切で、便利さとは相反するものです。

3月6日

宮の中で、目の見えない人たちや足の不自由な人たちがみもとに来たので、イエスは彼らを癒やされた。

[マタイ21：14〜16]

イエス様は宮の庭にまず、神様をあがめるために行ったはずです。自分の時がきたこと、そして、神様からの召しをもう一度受け取るために、父なる神様のもとで祈りたかったはずです。でも、その場所が強盗の巣のようになっていてお怒りになりました。その反面、そこで出会った盲人や足の不自由な人たちがそばに来ると、彼らを癒やしています。神様を礼拝することと、痛みに寄り添うことは違うベクトルであっても、本質は同じで、愛なのです。

3月7日

「何の権威によって、 これらのことをしているのですか。だれがあなたにその権威を授けたのですか。」

［マタイ21：23〜27］

イエス様はこの日、当時の権威をもつ祭司長や教会の長老たちと話をしていました。彼らはイエス様に何の権威があってそんなことをするのかと問いただしていました。彼らは、イエス様が権威をもっていることを認めていたのです。ただ、それが彼らの思っていたものとは違ったということでイエス様を十字架につけてしまうのです。自分の好きなものしか目に入らない私たちのために、それでも十字架の道を進んでくださったイエス様です。

3月8日

「それなら、カエサルのものはカエサルに、神のものは神に返しなさい。」

［マタイ22：21］

パリサイ人がイエス様に罠をかけようと質問すると、「カエサル※のものはカエサルに、神のものは神に返しなさい」とイエス様は答えました。

現代は教会も敷居を低くする方向にあります。誰でも入りやすい雰囲気を作ります。でも、この世との境界線を保つことも大切です。それがなければ、境界線を越えて来てくださるイエス様の「自分を注ぎだす愛」がわからないからです。神様の愛はこの世には無い普遍の犠牲の愛なのです。

※カエサルは当時の皇帝

3月9日

「何のために、香油をこんなに無駄にしたのか。…」…彼女を厳しく責めた。

[マルコ14：3〜9]

ひとりの女がイエス様の頭に高価な香油を注ぎます。これはイエス様を愛し、礼拝している姿です。周りにいた人は無駄遣いだと責めました。礼拝する姿勢に無駄遣いなどあるでしょうか？　私たちはすぐに計算して程よい程度に何でもしたがりますが、神様を愛する愛は犠牲の愛です。できることをするのではなく、それを超える愛です。イエス様が女にできる限りのことをしたと喜んでくださったように、私たちの思いも受け取ってくださいます。

3月10日

「わたしはよみがえりです。いのちです。…」

[ヨハネ11：17〜27]

イエス様が友人ラザロが死んだことを聞いた時、涙を流されました。それは絶望の悲しみの涙ではなく、そこにある痛みに共感する涙です。この悲しみを超える父なる神様への信頼がそこにはあるのです。イエス様はラザロの姉妹のマルタに「わたしはよみがえりです。いのちです」と伝えながら、自分の死を打ち破る使命をここでかみしめていたはずです。ラザロがよみがえります。そして、この日からイエス様を殺そうと相談が始まったのです。

3月11日

イエスは、この世を去って父のみもとに行く、ご自分の時が来たことを知っておられた。

[ヨハネ13：1〜5]

イエス様が自分の「時」を受け取ってまずしたことは、ここまでついてきた弟子たちを愛することでした。当時の奴隷がする仕事である足を洗うことを行いました。最後にイエス様が弟子たちに大切なことを伝えようとしている瞬間です。でも、何もわかっていない弟子たちでした。イエス様がこの時だと決心の祈りをしているときにさえも三度も寝てしまうような弟子たちでした。しかし、イエス様は責めるのではなく、温かく迎え入れるのです。

「わたしがあなたを洗わなければ、あなたはわたしと関係ないことになります。」 [ヨハネ13:6〜15]

弟子たちはどうしてイエス様が足を洗うのか理解できませんでした。「手も頭も」と言った弟子の一人に対して足以外洗う必要はないと強く言うほど、イエス様は弟子たちの足を洗うことを強く望みました。イエス様は私たちにも理解することを望まれません。それよりも、ここで弟子たちがしたように、素直にその醜い部分である足を主を信頼して差し出すことを望まれます。それは、醜い部分をきれいにするのはあなたではなく、神様だからです。

3月13日

「最も小さい者たちの一人にしたことは、わたしにしたのです。」[マタイ25：40]

イエス様は足を洗うことで弟子たちに愛を現しました。足を洗い合うという行為ではなく、この行為を通して、弟子たちが後に気づく、救い主であるキリストの愛の表現の意味を現したのです。神の犠牲の愛を示すためにイエス様は自ら自分を低くし、最も醜いところを洗ったのです。それは、主に従うことは自分を低くし、仕えることだと教えるためでした。弟子たちはこの愛を後に受け取った時には、涙を流して主を愛したはずです。

「…一緒にこの過越の食事をすることを、切に願っていました。…」

[ルカ22：14〜23]

この過越※の時をどんなに望んでいたことかと弟子たちにイエス様は言われ、この時を迎えました。何もわからない弟子たちでしたが、イエス様は弟子たちをここに導きたいと切に願っていました。それは、ここにこそ、礼拝の本筋があり、神様と出会う場所があるからです。イエス様の裂かれるからだと流される血潮によって、罪人である私たちが赦(ゆる)され、神様の家族とされるための道筋がここにつくられることを表していたのです。

※出エジプト記12章に書かれた、神が奴隷となっていたイスラエルの民を災いを過ぎ越して（守って）くださった出来事に由来する祝いの期間

3月15日

「…どうか、 この杯をわたしから取り去ってください。しかし、 わたしの望むことではなく、 あなたがお望みになることが行われますように。」

［マルコ14：32～36］

イエス様はゲツセマネで父なる神に、できることならば十字架を取り去ってほしいと素直に祈りました。人と同じように自由意志をもつイエス様は、それを避けて逃げることもできました。しかしそこには、自分の思いよりも、御霊（みたま）によって知る父なる神の御心（みこころ）を第一に行うという強い意志がありました。「わたしが望むことではなく、あなたがお望みになることが行われますように」と祈っているように、父なる神様を信頼し全てをおゆだねしていました。

3月16日

「…時が来ました。見なさい。人の子は罪人たちの手に渡されます。立ちなさい。さあ、行こう。」

[マルコ14：37～42]

イエス様が父なる神様を信頼していたことは、「アバ、父よ」ということばからもわかります。イエス様の十字架の上での祈りのことばも最初は「父よ」でした。そして、最後にも「父よ」と叫ばれました。苦悩の中でも、しっかりと父なる神様の愛と導きと、そして、私たちへの愛の計画をもち続けていたのです。弟子たちが眠りの中にいる時、イエス様はたった一人で十字架に向かう決心を新たにします。そして、「時がきました」と言われます。

3月17日

百人隊長は、イエスがこのように息を引き取られたのを見て言った。「この方は本当に神の子であった。」
[マルコ15：33～39]

群衆から罵倒（ばとう）されて、あざけられ、つばきをかけられ、イエス様はこの時十字架に架かります。あなたの苦しみを背負い、あなたがもう一度神様の子どもとして立ち上がることができるために、その命をささげます。イエス様は「わが神、わが神、どうしてわたしをお見捨てになったのですか」と葛藤されました。それは、私たちが孤独に苦しむその心に寄り添い、希望を与えるための嘆きでした。私たちが葛藤する時、イエス様も共にいてくれるのです。

3月18日

御子の死によって神と和解させていただいたのなら、和解させていただいた私たちが、御子のいのちによって救われるのは、なおいっそう確かなことです。

[ローマ5：10]

十字架の希望は暗闇がなくなることではなく、暗闇のただ中に光として輝くものです。その光は私たちの暗闇を照らすわけです。でも、それは絶望ではなく、また、神様の不在でもないのです。この暗闇から復活したイエス様の愛が私たちの希望として輝き、聖霊の力を私たちに与えてくれるのです。イエス様の十字架によって神様との和解を受け取る私たちには、苦しみは苦しみで終わらないという十字架の希望が与えられているのです。

3月19日

彼はからだを降ろして亜麻布で包み、まだだれも葬られていない、岩に掘った墓に納めた。

［ルカ23：50〜56］

イエス様はこの日、十字架の上で死なれました。そして、暗闇が訪れました。聖土曜日[※1]はイエス様の受難と死とを覚える日です。この暗闇の中、イエス様はよみ[※2]に下ります。それは私たちの罪深さを知ってくださるためです。そこには暗闇だけが広がります。ここは絶望ではなく、待ち望むためにある暗闇です。この暗闇の中に訪れる一点の光をじっと待つのです。心を静め、魂の静寂を体験する時、神様のささやく声が必ず聞こえてくるのです。

※1イエスが十字架にかかった日を聖金曜日、次の日の土曜日を聖土曜日と呼ぶ教会もある　※2陰府（よみ）。ヘブル語でシオール、ギリシア語はハデス。死後の状態

3月20日

私たちは、この望みとともに救われたのです。

［ローマ8：24、25］

私たちには暗闇が必要です。それは、この暗闇を照らす一点の光こそ、私たちが神様から与えられる信仰だからです。この光は目に見える輝かしいこの世の光とは違い、目には見えない永遠の光です。私たちは、自分では自分の罪を認めることはできません。この光に照らされて、初めて自分の罪が見えるのです。だからこの暗闇が必要なのです。暗闇から光。死からいのち。そして、古い自分から新しい自分へと変えられることを待つ時です。

3月21日

恵みは、キリストを信じることだけでなく、キリストのために苦しむことでもあるのです。　［ピリピ1：29］

もしも「キリストを信じる信仰」だけが与えられていたら、私たちは信じ続けることができないので苦しみます。でも、ここに、「キリストのために苦しむ」恵みも与えられているのです。詳訳聖書※では「彼のために苦しみをも受ける」とあります。私たちが苦しむ時、私たちはこの「苦しみ」をも賜っています。それは、「あなたの苦しみは、わたしの苦しみだ」と語ってくださるイエス様の愛です。暗闇は、この主の愛に出会うためにあるのです。

※ギリシア語に忠実に訳した聖書

主は弱い者をちりから起こし　貧しい人をあくたから引き上げ…座に着かせられる。　[詩篇113：5〜8]

暗闇を照らす一点の光は、神様の愛の深みへと導きます。そこには私たちができることは何もありません。私たちの五感で見いだす人間中心な信仰ではなく、ただ私の魂にイエス様の十字架の愛を受け取るだけです。主の十字架を受け取るのは苦しいことです。自分の内側にある暗闇を知った私には、あまりにも身にあまる主の愛、主の苦しみだからです。しかし、ここで、私以外の人が私以上に私のことを愛してくれていることを知るのです。

3月23日

主の御名を呼び求めた。「主よ どうか私のいのちを助け出してください。」[詩篇116：1〜4]

暗闇を隠すこの世の輝きではなく、私たちの暗闇を照らすイエス様の光は本当の希望を私たちに与えてくれます。よい自分を演じるのではなく、本来の自分を受け取ってくれるイエス様を信頼して進む道なのです。この希望の光に押し出されて、私たちは人のための自分になることができ、人のために傷つくことをよしとできるのです。この愛の光だけが、平和をもたらすことができるのです。なぜなら、この愛は私から始まっていないからです。

3月24日

私たちの主イエス・キリストによって、私たちは神を喜んでいます。　[ローマ5：11]

罪人である人間からはどうすることもできない、イエス様にしかできない使命が十字架にありました。

それは、神様と人間との境界線をはっきりさせ、それを越えて人間のもとに赦しと愛を運ぶ使命でした。神様の側からこの境界線を越える道を和解の架け橋として作る必要がありました。それは神であり人でもある、イエス様にしかできないことでした。それゆえ、父なる神様はイエス様を十字架に架けることを涙と共によしとされました。

3月25日

イエスは涙を流された。

[ヨハネ11：33〜37]

十字架は境界線を提示します。それは、神様が自分の力では自分を救えない私たちを救うことを教えるためです。十字架は絶望を提示します。それは、神様が絶望の中にいる私たちに輝く光としての希望を届けてくれることを教えるためです。十字架は暗闇の後に愛を提示します。それは、神様の愛だけが境界線を越えて、暗闇にいる私のところに救いとして来てくださったからです。私たち人間の罪を赦せるのはキリストの愛だけです。

3月26日

神は、罪を知らない方を私たちのために罪とされました。それは、私たちがこの方にあって神の義となるためです。　[IIコリント5：21]

赦しの外側にいた罪人である私たちはイエス様が境界線を越えて来てくださったおかげで今、赦しの中にいます。もう、一人ぼっちだなと感じることはあっても、孤独になることはないのです。なぜなら私たちは神様の愛の中に受け入れられているからです。ただ罪が赦されるだけではなく、家族とされ、新しい着物を与えられ、食事を共にし、あなたが苦しむ時、私も苦しいと泣いてくださる関係が与えられること。これが真の和解です。

3月27日

私は、キリストとその復活の力を知り、キリストの苦難にもあずかって…復活に達したいのです。

［ピリピ3：8〜11］

私たちは境界線を越えて来てくださったイエス様から救いの喜びを受け取っています。それは、十字架の上から私たちに注がれた犠牲の愛です。この愛が、私たちが苦しむ時、その苦しみが苦しむためのものではないことを教えてくれるのです。イエス様の苦しみは、私たちが苦しい時にイエス様が私たちのそばにおられることを知るためです。「神への愛は、歓(よろこ)びと苦しみがひとしく感謝を呼びおこすとき、純粋である」（シモーヌ・ヴェイユ※）

※シモーヌ・ヴェイユ(1909-1943)。20世紀前半のフランス人哲学者

3月28日

私たちがまだ弱かったころ、定められた時に、不敬虔な者たちのために死んでくださいました。

［ローマ5：6］

私たちの罪のために十字架に架かってくださったイエス様の愛は私たちのうちにある弱さを無くすためではなく、その弱さのうちに神様の強さが満ちるためです。私たちは強くなろうとするのではなく、ありのままの弱さを主に差し出し、その心にイエス様を迎え入れることができるのです。そして弱さを主の前に出し、心から全てを主にゆだねましょう。そのとき、あなたの弱さのうちに神様の恵みが満ちあふれる奇跡を体験できるのです。

3月29日

キリストの死と同じようになって、キリストと一つになっているなら、キリストの復活とも同じようになるからです。　［ローマ6：5、6］

イエス様は十字架の死の三日後に復活されました。よみに下り、暗闇を体験してから、一点の光を受け、父なる神様の力によって復活されました。死に打ち勝ったイエス様です。それは父なる神様と子なるイエス様との愛の絆（きずな）の勝利なのです。死を通らないですんだという勝ち方ではなく、死を通っても、その絆は断ち切られることなく、そこに愛としてあり続けたという勝利です。何があっても神様はあなたを見捨てないという希望なのです。

もしキリストがよみがえらなかったとしたら、あなたがたの信仰は空しく、あなたがたは今もなお罪の中にいます。　[Iコリント15：17]

主が復活してくださった事実を私たちの信仰の希望とし、心から主を褒めたたえます。なぜ、主の復活が希望なのかというと、それは私の外で希望が完成したからです。私たちが揺らごうとも、苦しくても、そこには完成された十字架の希望があります。復活という力が揺らぐ私たちを立ち上がらせてくれます。私たちがたとえ、絶望しても、神様が私の外から希望だけではなく、希望をもてる新しい私、神様から始まる私を始めてくださるのです。

3月31日

「だれを、わたしは遣わそう。だれが、われわれのために行くだろうか。」私は言った。「ここに私がおります。私を遣わしてください。」 [イザヤ6：8]

イースターに、この世を希望で照らす神様の光が放たれました。この光は私たちを痛みのあるところへ遣わします。それは、主があなたの経験した苦しみを用いて、あなたを通してでなければイエス様と出会えない人にこの希望を伝えるためです。イエス様の光をあなたが伝えるためです。神様は、あなたを今、どこへ遣わそうとしているでしょうか？　共に、「私はここにおります。遣わしてください」と祈り、主の召しに応答していきましょう。

4月
主観的信仰の罠

計画を立てた
とてもよい
計画なんだ

なのに
上手くいかない

4月1日

いつまでもなくならない、永遠のいのちに至る食べ物のために働きなさい。　[ヨハネ6：27]

自分の願望に沿って神様を求めすぎると、逆に神様が見えなくなってしまうものです。たとえばショートケーキを買いにケーキ屋さんに行ったとしたらどうでしょうか。他のケーキは目に入らないですよね。ショートケーキがあるかないかばかりが気になってしまいます。

ショーケースにはたくさんの種類のケーキがあるように、神様はたくさんの恵みを与えようとしてくれていることを覚え、自分の心を解放しつつ、神様を求め、祈りましょう。

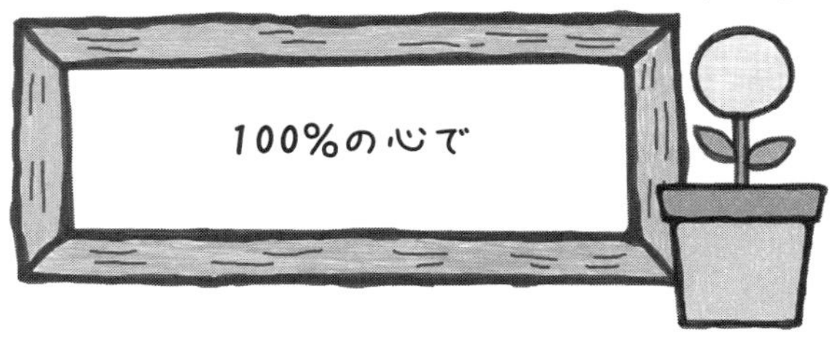

私たちは見えるものにではなく、見えないものに目を留めます。 [IIコリント4：16～18]

私たち人間の脳に入ってくる情報は、70％が自分の興味があるものであるといわれています。私たちは興味があるものしか聞けないのです。自分の願いが70％にあるのであれば、残りの30％は自分の思いを超える、わからない部分です。

自分の願望だけではなく、わからない部分も含めて、100％の心でイエス様ご自身を求める、それが信仰です。その時、神様が素晴らしい奇跡をもって私たちの必要を満たしてくださることを体験するのです。

4月3日

わたしを離れては、 あなたがたは何もすることができないのです。 [ヨハネ15：5]

多くの人は生きがいをやりがいの先に見いだそうとしますが、実はやりがいの先に生きがいはありません。だから、仕事を辞めると何もできなくなるということが起こるのです。辞書では、やりがいは張り合いや達成感です。それは何かを目指すときに感じる感情です。でも、生きがいは心の幸せとあります。生きるに値するものとして喜びを与えてくれるのは私たちを創られた神様だけです。生きがいは目指す先ではなく、神様から与えられるものなのです。

私たちは愛しています。神がまず私たちを愛してくださったからです。 [Ⅰヨハネ4：15～19]

今日の聖句に、まず神様が私たちを愛したと書いてあります。ここに私たちの人生の生きがいがあります。神様が私たちを愛してくださっているのです。

神様から日々与えられる人生が私たちの人生です。イエス様の愛を受けるときに、私たちの人生そのものが変わり、生きる目的も変わるのです。神様だけを求める時、神様が人のためにある自分へと私を作り変えてくれます。神様を求める。それは新しい私を受け取ることです。

4月5日

この御子にあって、私たちは、贖い、すなわち罪の赦しを得ているのです。　[コロサイ1：14]

現代の教会が目を留めないといけないのは、「信仰は救いの条件ではない」ということだと思います。救いは私たちが信じることで成し遂げられるのではなく、イエス様が十字架の上で成し遂げられ、完成されたと信じて受け取るのです。「私が信じることで」ということばは、神様の救いのわざに人間の行為が条件として入っているニュアンスになりますが、私たちの信仰は「私はイエス様の十字架によって救われている」という事実を受け取ることです。

4月6日

二つの信仰

イエスは深くあわれんで、 彼らの目に触れられた。 [マタイ20：30～34]

私たちは、「信じる」信仰と、神様から「受ける」信仰と二つもっています。神様を信じて、力強く従うことのできる私たちです。でも、時に、そうできないときもあります。そんなときにはもう一つの信仰があることを覚えましょう。私たちが信じられなくなっても、神様はあなたをあきらめないお方で、あなたに信頼という信仰を与え続けてくださいます。私たちはこの二つの光によって、今、神様の子とされているということがわかるのです。

4月7日

自分を受け取る

わたしはあなたを見放さず、 あなたを見捨てない。

[ヨシュア1：5]

現代は自分自身を何をしているかで定義しますが、神学者エマニュエル・レヴィナスは神様から「生かされている」存在であると自分を定義しました。彼は自己の存在を「待つ」という意味の「イリヤ」ということばで表現しました。自分自身は「受ける」存在であるとしたのです。絶望していた彼も神様の愛を受けて、新しくされ、新しい自分が神様から始まった体験をしました。自分自身でさえも、神から受け取る存在であることを知らされたのです。

神様だけを見つめる

「わたしは知恵ある者の知恵を滅ぼし、悟りある者の悟りを消し去る」　[Iコリント1：19～21]

私たちは自分の知恵を使って罪を無くしても神様と出会えません。神様と出会わなければ、私たちの罪はなくならないのです。神様と出会うことよりも、善行をしたり、奉仕をしたり、怒らないようにしたりと努力していると神様と出会えなくなります。自分のことばかり考えているからです。自分の力で罪を無くしても、その先にあるのは達成感で神様ではありません。いつでもただ神様と出会うことを目指すことが私たちの信仰なのです。

4月9日

神はそのひとり子を世に遣わし、その方によって
…神の愛が私たちに示されたのです。[Iヨハネ4:9]

「私はイエス様を愛しています」という告白から信仰を始めると、愛せるときはいいのですが、愛せないときは自分を責め、しまいには、愛しているのに、どうして私の思っている通りにしてくれないのかと文句を言うようになってしまうのです。

大切なのは出発地点で、信仰を神様から始めることです。私たちが「神様が愛です」という告白から信仰を始めるなら、愛を感じないときでも神様を感じることができるようになるのです。

4月10日

たとえ山が移り、丘が動いても、わたしの真実の愛は
…移らず、…平和の契約は動かない。［イザヤ54：10］

神様が私から離れてしまったのではないかと悩むときがあります。神様を救われた時のように感じたくても感じることのできない、そんな葛藤の日々もあります。でも、それは悩み方が間違っています。私たちの信仰は、神様を感じ続けられるようになることを目指すのではなく、私たちが神様を感じることができなくても、私たちのそばに、変わらずにいてくださる神様であることを知ることなのです。神様は私たちを見捨てないお方なのです。

4月11日

聞け。…神は人よりも偉大なのだから。

［ヨブ33：9〜18］

時々、私たちは「信仰が弱くなってしまった」と悩んでしまいます。そのようなときは、自分が強くなることや、ブレない信仰を求めているゆえの視点になっているかなと思います。でも、信仰を強くもち、立派な信仰生活を過ごすことや、いつも堅く信仰に立つことが私たちの信仰生活の目的ではないはずです。実はその逆で、信仰が弱くなったときに、私たちはやっぱり、私にはイエス様が必要ですといえる信頼が大切です。それが信仰の原点なのです。

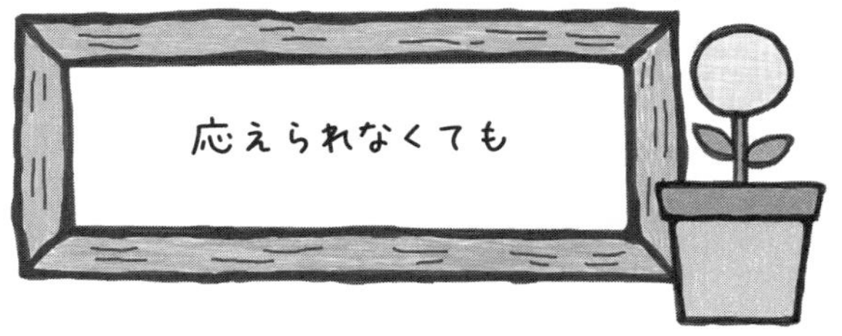

応えられなくても

わたしの思いは、あなたがたの思いよりも高い。

[イザヤ55：9]

自分の祈りの中に願いがあればあるほど、神様からのメッセージを受け取れなくなります。確かに必要があればその答えが見えます。その願いが応えられるという形で神様の愛を見るかもしれない。でも、問題は応えが与えられないときに神様が自分の願いを聞いてくれないと感じてしまうことです。

応えられないという部分でも神様がその必要を知っていてくれて、思いを超える方法で神様の愛を現してくださることを信じましょう。

4月13日

「自分には夫がいない…あなたは本当のことを言いました。」
[ヨハネ4：16～21]

できることを自分の中に探すよりも、できないことを主の前に素直に出すほうが神様の愛を体験できるものです。神様のために自分は何かできないかと「できること」を探したりしているときは、神様よりも自分のことを見つめているものです。確かに奉仕をしていたほうが神様の前に出やすいかもしれません。でも、大胆にできない自分を主の前に差し出すことができたとき、神様は無から有を生み出す愛の神様であることを知ることができます。

4月14日

神のなさることは、すべて時にかなって美しい。

[伝道者3：11]

イエス様の十字架の愛は私を赦すと同時に、私を私の思いの支配から解放する道を示してくださいます。自分の欲しいものが欲しいときに手に入らないとイライラするものです。でも、主の赦しの中にある私たちは主のタイミングを待つことを学びます。自分のやり方ではなく、主のやり方で自分の願いがかなうということを体験していくのです。自分のタイミングでできない痛みがあるかもしれません。でも、そこから解放されていく道です。

4月15日

わたしは、あなたに約束したことを成し遂げるまで、決してあなたを捨てない。」　[創世28：15]

「神様が見えなくなった」と悩んで落ち込んだりするときに、私たちは神様を見失わないようにどうにかしようとします。そんなとき、私の心は私中心な考えや、私のしてほしいことでいっぱいになってしまい、それこそ、もっと神様の本質が見えなくなるように思います。

私たちが知る必要があるのは「神様が見えないときでも神様はあなたのそばにいてくださる」ということです。神様は見捨てることなく、私たちを導いてくださるのです。

4月16日

主を喜びとする道

あなたの道を主にゆだねよ。 [詩篇37：5]
主を自らの喜びとせよ。 [同4節]

私たちは、神様の愛を受けるために、何かを求めることをやめなくてはいけないときもあります。私が求めているばかりに、神様が下さろうとしていることに目が向かないようになるからです。私がこれは最善だと思ったことが最善ではないこともありますし、私が考えた計画だけが唯一成果を出す計画なわけではないはずです。全てを明け渡して、神様が下さるものを両手を広げて受け取るのが信仰です。それが神様を求めていく信仰の道です。

4月17日

主はヨブの後の半生を前の半生に増して祝福された。　[ヨブ42：10～12]

神様を求めるとはどういうことでしょうか？自分には何ができるかと将来のことを神様に求めるのではありません。それは、生きる意味を教えていただくことです。自分が求めているものを超えて、神様を思う時、あなたを神様は解放してくれます。自分が求めた道とは違う道を行くことになったとしても、神様は全てをよしとして次につなげてくださるものです。自分の道がどうなろうとも、「やっぱり神様だよなぁ」といえる境地のことです。

4月18日

自分の友のためにいのちを捨てること、これよりも
大きな愛はだれも持っていません。 [ヨハネ15：13]

イエス様の愛を受け取ることは時に難しいものです。受け取る前に、自分のイエス様への愛を証明するために行動したりしていないでしょうか？ それはやめるべきです。イエス様の愛を受けるに値する私たちにはなれないのです。だからこそ、イエス様は十字架に架かってくださって、こんな醜い私のところに来てくださるためにご自分を低くしてくださったのです。これから裏切ろうとしている者にさえも、イエス様はその愛を示しました。

4月19日

イエス様の癒やし方

主を待ち望む者は新しく力を得、鷲のように翼を広げて上ることができる。　[イザヤ40：28～31]

ありのままでいいというのは、そのままのあなたでいていいということではありません。時に、そのままの自分でいることは実は自分にとってもつらいことです。したくないことをしてしまう自分でいるのは苦しいです。その苦しさをイエス様はご存じです。ありのままでいいというのは、イエス様の力がそこに働くからです。そのままのあなたのところにイエス様が癒やしに来てくれるから、あなたはそのままの姿で待ち望んでいていいのです。

神は真実で正しい方ですから、…私たちをすべての不義からきよめてくださいます。 [Iヨハネ1:8、9]

神様の前にいつも正しくいようとするとつらくなるのは、自分の中に正しさを自力でもとうとするからです。神様はそんなことを求めてはいません。ありのままのあなたで来てほしいといっているのです。でも、私たちは神様がお風呂に入れてきれいにしてくれるといっているのに、その前にシャワーを浴びたいというくらい自分のことしか見ていないのです。あなたの汚れを正しくするのは神様です。神様はあなたを決して見放さないのです。

4月21日

天からの光が彼の周りを照らした。[使徒9:1〜5]

私たちの信仰生活の目的が私たち側の何かが達成されたり、完成したりするためにあるのであれば、私たちの信仰は揺れ動きます。なぜなら私たちは揺れ動く存在だからです。私たちの内に神様から力を借りて何かを作り上げようとすると、私たちは絶望するのです。でも、神様は私たちの内側に何かを作り上げようと私たちに信仰を与えてくださったのではなく、神様ご自身の愛の関係の内に私たちを迎えてくださるために信仰を与えてくださったのです。

苦しみの意味

出かけて行って、 その家に入り、 サウロの上に手を置いて言った。 [使徒9：17～19]

神様が見えなくなることは、私たちが深く神様の希望の光を体験するためです。私たちの悲しみや苦しみは、悲しむためや苦しむためにあるものではなく、その悲しみや苦しみのただ中に、神様がいてくださり、共に涙を流してくださるということを知るためのものです。そこで神様と出会う時、私たちは奇跡を体験します。それは、私が神様を知るということの本当の意味は、神様が私の全てを知っていてくださるということを知ることなのです。

4月23日

「…私は主のはしためです。どうぞ、 あなたのおことばどおり、この身になりますように。」[ルカ1：38]

祈ってすぐに答えが見えないと、神様が応えてくれないと感じて、神様を疑い、暗闇に陥ります。でも、この暗闇から「待ち望む信仰」は始まるとシモーヌ・ヴェイユはいいます。願いを祈るのではなく、暗闇のただ中に神様の一点の光を待ち望めというのです。目を閉じて、ただ神様の前に私を置く。何かをするのではなく、神様をただ待ち望む時、答えさえももってない私を神様が私のものだと抱きしめてくださる瞬間がそこにあるのです。

信仰の本当の強さ

「…あなたがたのために戦われるのだ。あなたがたは、ただ黙っていなさい。」　[出エジプト14：13、14]

信仰者としての強さは何でしょうか？　それは、嵐が来たときに揺るがずに立てる力ではありません。嵐が来たときに、自分ではなく、神様を信頼し、本当の強さは神様からくることを知ることです。だから私が強くなることを求めていたり、自分は強いと勘違いしていると、いつまでも本当の強さを神様から受け取れないのです。私が自分の力で強くなることをやめ、神様が弱い私に強さを与えてくださることを信じる。それが信仰の強さなのです。

4月25日

心を尽くして主に拠り頼め。自分の悟りに頼るな。
[箴言3:5、6]

揺らぐのは私の「信仰」ではなく、「私自身」なんだとわかると、信仰は揺らぐ私たちのために神様が下さるということを知ることができます。

神様は私たち、一人ひとりをあきらめないお方ですから、信仰を与え続けてくださるのです。私たちがどれだけ神様を信頼できているかではなく、神様が私たちをどれほど愛してくださっているかを見つめ続けていきたいですね。

自分を捨て、 自分の十字架を負って、 わたしに
従って来なさい。 [マルコ8：34]

捨てる自分は罪深い、弱い自分ではなく、全ての自分です。主の前に出せない自分は捨てて、誇れる自分でということではなく、私たちの心の中心を明け渡すことです。主を信頼することから始まるのです。背負うということばは「そこから動かす」という意味です。自分の十字架とは、キリストなしでは生きていけない孤独な自分の姿です。イエス様から離れていた自分を主の十字架のもとに動かし、そこから自分を始めることができるのです。

4月27日

「主よ。私が渇くことのないように…その水を私に下さい。」
[ヨハネ4：7〜15]

孤独であることを隠すことが多い時代ですが、私たちは孤独を知る必要があります。なぜなら、この孤独を通してでしか、私たちはキリストと深く交われないからです。私たちが自分の十字架を背負って行く先は、処刑場ではなく、キリストの愛のもとなのです。イエス様があなたの孤独を愛で埋めてくださいます。さあ、その手で握りしめているあなた自身をイエス様のもとに動かす時です。新しい自分の出発を信仰をもって決心しましょう。

キリストはすべての人のために死なれました。…人々が…死んでよみがえった方のために生きるためです。[IIコリント5：15]

私たちはイエス様を知ると、自分を変えなくてはと思い始めます。でも、自分が変わることを目標にしてしまうと、自分の力で変わることができない罪深い人間のためにイエス様が十字架に架かってくださったという、神様の愛を見失ってしまいます。自分の弱さを見る葛藤は、神様が私たちに見せてくれています。決して私たちを責めるのではなく、私たちを変えてくださるのはイエス様だけであるということを教えてくれているのです。

4月29日

あなたは心を尽くし、いのちを尽くし、力を尽くして、あなたの神、主を愛しなさい。[申命6:4、5]

18世紀、イマヌエル・カント※が「道徳＝神」とし、目に見えない神様を目に見える道徳へ引き下げてしまいました。信仰による行動が人間の道徳となってしまい、その行動の本来の目的が見えなくなりました。

私たちが献金すること、礼拝すること、奉仕することは目的ではありません。これら全ては手段であって、神様を知るという一つの目的のためにある手段なのです。私たち信仰者の目的はただ一つ。それは神様と関係をもつことです。

※イマヌエル・カント(1724-1804) プロイセン王国(ドイツ)の哲学者

わたしがあなたがたを選び、あなたがたを任命しました。 [ヨハネ15:16]

「この思いが神様からの思いなのかどうやってわかるのですか？」とよく質問を受けます。それを確認する一つの方法はその思いの出発地点がどこからかを見つめることです。その思いを自分の信仰の力で握りしめていたら、それは自分が出発地点です。でも、信仰により、主にその思いをゆだねた時、神様が出発地点になります。どこから始まるかで全く違う結果になります。神様から始まる時、あなたは見たことのない恵みを体験するでしょう。

5月
聖霊なる神

遠まわりに
みえるところに
きてしまった
聖霊に
導びかれて

5月1日

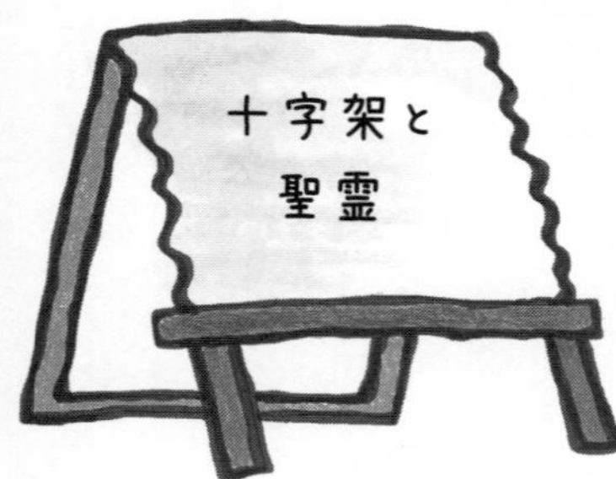

心を新たにすることで、自分を変えていただきなさい。　[ローマ12:2]

イエス様が十字架の上で、私たちの罪を赦(ゆる)すだけではなく、神様の愛を人間に現してくださいました。そして、その愛を私たちに教え、共に生きてくださるのが聖霊なる神様です。「古い自己中心的な人生の終わり」を告げ、「神様がいつも助けてくれる」ことを約束します。そして、聖霊が導く「まったく新しい人生」が始まるのです。私たちはその人生を生きているでしょうか？　そのカギは聖霊から始まる新しい自分を始めることです。

信仰によって、アブラハムは試みを受けたときにイサクを献げました。

[ヘブル11：17～19]

聖霊なる神様が働かなければ私たちは神様の愛を知ることさえできないのです。神様について は聖霊なしで私たちの理性で知ることはできるでしょう。でも、そこに神の存在は現れないのです。逆に、私たちがその証明を手放さなければ、神様を心で知れないのです。キルケゴール※は跳躍ということばでその信仰を表しました。私たちの心を明け渡すという跳躍を決断するとき、神様のほうから私たちのところへ来てくれるのです。

※セーレン・オービエ・キルケゴール(1813-1855)。デンマークの哲学者、思想家

5月3日

主の御霊がおられるところには自由があります。

［IIコリント3：17］

私たちが聖霊なる神様を求めるときに注意しなくてはいけないのは、こうなるのを助けてくださいという結論ではなく、あなたに導かれて生きますというスタート地点を求めることです。信仰は結果ではなく、決断なのです。こうしたいという思いはあなたを不自由にさせます。未来を決めてしまうからです。でも、聖霊はあなたを自由にします。自分の思いを超える神様の愛なる奇跡が人生に起きるのです。それが聖霊が導く人生です。

聖霊は、あなたがたにすべてのことを教え、 わたしがあなたがたに話したすべてのことを思い起こさせてくださいます。[ヨハネ14：26]

聖霊の働きということばがあるように、「聖霊」は神様の一人格としてではなく、働きとして理解されがちです。でも、聖霊なる神様も人格をもっています。父なる神様は確固たる計画を、子なる神様はその使命を受ける信頼関係を、そして、聖霊なる神様はそこから流れ出る愛を私たちに教えてくださいます。聖霊はあなたの必要を助けるのではなく、あなた自身を助け、神様の愛を放つために導いてくださる神様なのです。

5月5日

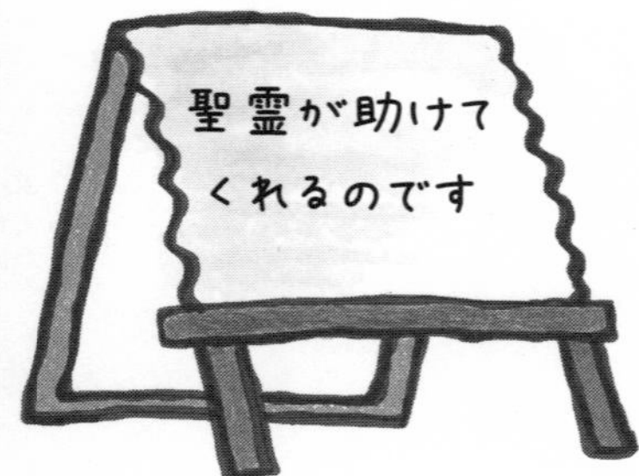

御霊ご自身が、 私たちの霊とともに、私たちが神の子どもであることを証ししてくださいます。

[ローマ8：16]

自分の力だけで確かな信仰に立てなくても大丈夫です。御霊ご自身が私たちは神の子どもであることを証ししてくださると聖書は言います。私たちは自分だけで確信するのではないのです。御霊が私たちのうちに働き、そこに神様がいることを教えてくださるのです。聖霊の働きはあなたの理性を超えるものです。目に見えない、理解できないことを受け入れる心と主への信頼をもつこと、そして理性は神様とつながる部分であることを覚えましょう。

5月6日

力と聖霊と強い確信を伴って、あなたがたの間に届いたからです。

[Iテサロニケ1：4～6]

聖霊は助け主です。私たちにイエス様の愛を教えてくれます。聖霊は神の力です。私たちが弱いときに力を与えてくれます。聖霊は失望のない希望です。神の愛を私たちの魂に注いでくれるからです。聖霊は喜びです。そこには平和が広がっていくからです。聖霊は聖(きよ)い神様です。私たちが自分ではなく、いつも神様を見上げていけるように助けてくれます。聖霊は神の国への案内係です。私たちと共に生きてくださり、導いてくれます。

5月7日

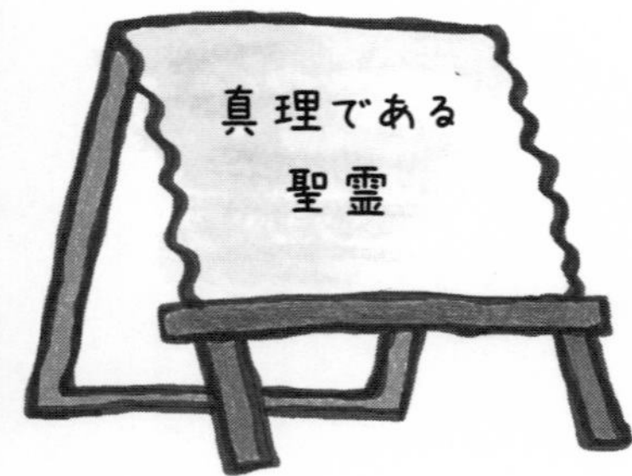

聖霊によるのでなければ、
だれも「イエスは主です」
と言うことはできません。
[Iコリント12：3]

聖霊は真理を教えてくれる神様です。真理を理解することができない私たちに真理へと向かう道を教え、そして真理への思いを与えてくれるのです。私の思いが正しいかどうかを教えてくれるのではなく、私には正しさがなく、正しさは神様のうちにしかないことを教えます。私たちに寄り添ってくれる聖霊が真理なのです。イエス様が主であると告白することさえも聖霊の助けなしではできない私たちであることを教えてくれる存在なのです。

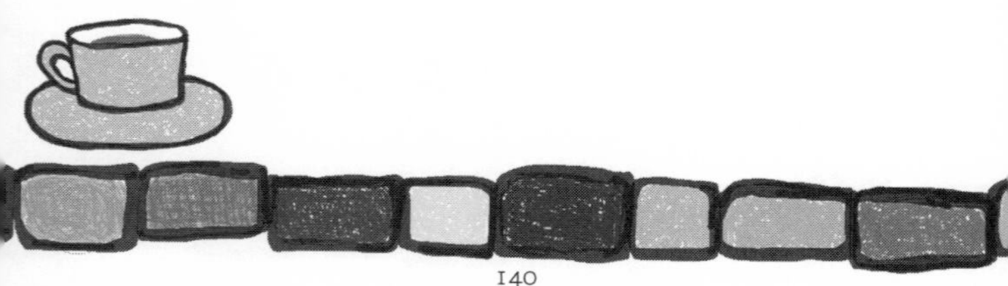

5月8日

それは私たちの働きによるのではなく、ご自分の計画と恵みによるものでした。
[IIテモテ1：9]

自分は赦されているかと不安になるのは、あなたが罪が赦されることばかりを追い求めているからです。聖霊なる神様がしてくれることではなく、聖霊なる神様ご自身に目をとめて祈りましょう。ここにパラダイムシフトがあります。罪を赦してもらうためには赦されることを追い求めないことが、罪の赦しの第一歩なのです。あなたが努力して受け取るのではなく、握りしめている手を離し、心を開き、聖霊による導きを信頼しましょう。

5月9日

真理の御霊が来ると、あなたがたをすべての真理に導いてくださいます。

[ヨハネ16：13]

十字架の聖ヨハネ※は、私たちは自分の感覚でまずは神様を知ると言いました。神様を賛美し、祈り、神様のためにすることを通して、神様の存在を体感し、涙するのです。

でも、その後に感覚の暗夜が訪れるといいます。感覚で神様を感じなくなるというのです。それは、自分の感覚が死に、聖霊があなたを導く神として現れるためだというのです。あなたの感覚ではなく、今度は魂で神様を知るステージへ聖霊はあなたを導くのです。

※Juan de la Cruz(1542-1591)。16世紀のスペインのカトリック司祭、思想家。『暗夜』などキリスト教神秘主義の著作や書簡を残した。カトリック教会・聖公会で聖人とされている

5月10日

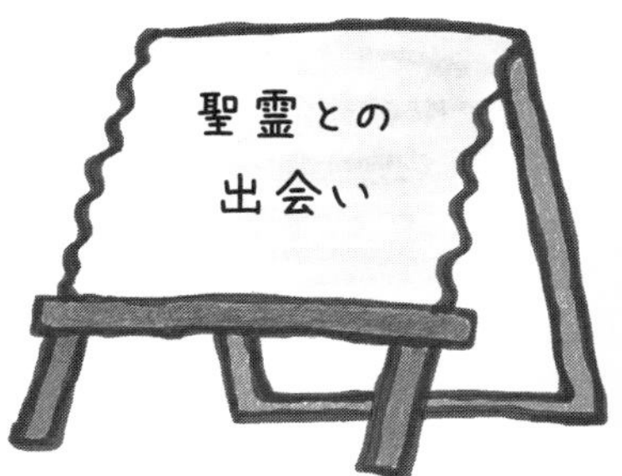

その方が来ると、罪について、義について、さばきについて、世の誤りを明らかになさいます。[ヨハネ16:8]

十字架の聖ヨハネがいう感覚の暗夜は神様の不在ではありません。その暗夜さえも神様からの導きだというのです。そこで聖霊なる神様が私たちに見せるのは「罪」なのです。罪の意識は人間からは絶対に出てこないのです。それは、神様との関係が壊れていることを示すもので、聖霊なる神様はそこに光を照らしているのです。罪の意識はあなたを神様が呼んでいることを教える暗夜です。自分の死を通して神様と出会う霊の暗夜なのです。

5月11日

死者の中から生かされた者としてあなたがた自身を神に献げ、 また、 あなたがたの手足を義の道具として神に献げなさい。

[ローマ6：12、13]

私たちが神の子とされるということは、罪の支配が終わり、神様の恵みのうちに私たちがいるということです。私たちは罪の奴隷ではありませんが、私たちの内にも罪の影響は残ります。また、罪の力はこの世に存在しています。ここからは、自分が赦されるためではなく、神様の愛を現すために聖霊によって導かれていく生き方を学ぶ必要があるのです。私たちは神様の愛によって変えられ続けていくことで、罪の力に打ち勝っていくのです。

私たちがキリストとともに死んだのなら、キリストとともに生きることにもなる、と私たちは信じています。　[ローマ6：8]

赦されても、自分が人生のハンドルを握っていると苦しくなります。自己中心にそのまま生活をするのではなく、自己中心的な苦しみや葛藤に心奪われてしまう私たちを助け、自分ではどうすることもできないことがあることを愛をもって教え、十字架の死によって私たちのうちに聖霊が生きる恵みがあることを覚えていきたいですね。自分のことばかりを考えて生きるのではなく、自己犠牲の愛を受け、人のための自分へと変えられていくのです。

5月13日

私たちに与えられた聖霊によって、神の愛が私たちの心に注がれているからです。 [ローマ5：5]

愛がなくても愛ある行動はとれます。それは聖霊が導いてくれるからです。大切なことは、自分の魂が聖霊に対して従っているかということです。自分のためではなく、神様の愛に生きているかということです。聖霊に従う時、聖霊ご自身が外向きな愛ゆえに、私たちの内側に愛がなくても、私たちから愛は注がれるのです。聖霊にあって、愛を教わっていくことができる私たちなのです。私たちはそれを神の恵みによって知ることができます。

5月14日

「民が戦いを見て心変わりし、 エジプトに引き返すといけない。」

[出エジプト13：17]

聖霊に従うときに邪魔なものは人間の心の天秤（てんびん）です。こっちのほうがいいなぁとか、こうしたら人生うまくいくというはかりでは聖霊の働きは見いだせません。時には遠回りだと私たちが感じる道を聖霊は導きますが、後からこの道は自分にとって必要だったと知るのです。わからなくても従う、それが聖霊とのアドベンチャーな生き方です。ここに信仰があります。みなさんは準備ができているでしょうか？　この道は神様との信頼関係が第一です。

5月15日

私を強くしてくださる方によって、 私はどんなことでもできるのです。
[ピリピ4：13]

できることをしても愛はうまれないものです。できることをしているとできないことができなくなるからです。聖霊はこの「できるできない」からあなたを解放します。聖霊に導かれるあなたは、できることができるからするのではなく、相手のためにするという明確な目的をもってすることができるようになります。できないことをする先には、できないけどしなくてはという苦しさから解放され、聖霊に従う喜びがはっきり見えてくるのです。

神よ 私を探り 私の心を
知ってください。
[詩篇139：23]

「できるできない」の天秤から解放されると、聖霊に従う人生が見えてきます。そこにあるのは、新たな「できない」です。それは、聖霊の神様なしではなにもできないというできないであり、信頼です。聖霊に従う人生は、できないから始まるのです。うまくできる道ではなく、十字架のもとにへりくだる道です。私のうちにではなく、十字架に希望があることを覚えていく人生です。何もできないことを知ることから愛は聖霊と共に始まります。

5月17日

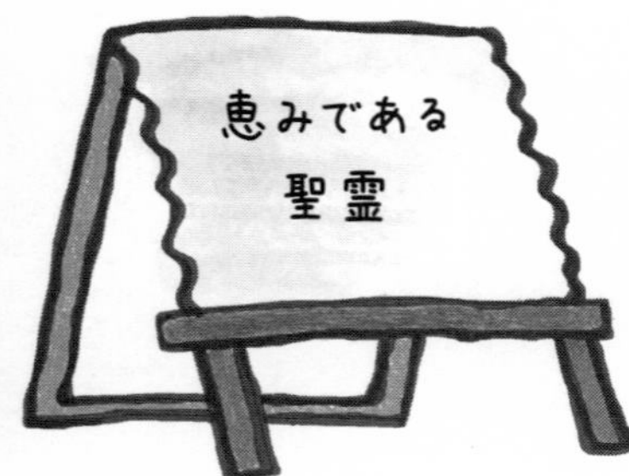

真理のことば、あなたがたの救いの福音を聞いてそれを信じたことにより、約束の聖霊によって証印を押されました。

[エペソ1：13、14]

私たちは完全な十字架の業(わざ)で、救いの中に迎え入れられ、罪から解放されました。だからといって、心の中心がすぐに神の義に変わるわけではないのです。赦されていても、自己中心さは残ります。それを人間の力だけでは拭えないものです。でも、大丈夫です。聖霊が私たちの心の目を開いてくれます。聖霊は私たちに神の義を教えてくれます。私たちの信仰の成長は聖霊と共に歩む道にあるのです。成長は神様の恵みのうちにあるのです。

5月18日

御霊によって生きているのなら、 御霊によって進もうではありませんか。

［ガラテヤ5：25］

問題を解決しようとする心には、その問題だけが充満してしまい、私たちの心に住んでくださる聖霊の居場所がなくなります。そして、聖霊ご自身ではなく、解決ばかりを求めてしまいがちです。問題を解決してくれるのは、聖霊を心の中心に迎え、聖霊ご自身が働いてくださる時です。その時に、聖霊が必ず私たちを助けてくださるのです。「三位一体の神様の犠牲の愛」は、私たちに聖霊なる神様を信頼し、従う力を与えてくださるのです。

5月19日

御霊ご自身が、ことばにならないうめきをもって、とりなしてくださるのです。
[ローマ8：26]

私たちが苦しむとき、孤独を感じます。なぜなら、そこに解決がなく、解決に導く方法もないと思ってしまうからです。でも、私たちが覚えなくてはいけないのは、そこに共に苦しんでくれる方がおられるということです。聖霊がそこにいて、ことばにならないうめきをもって私たちのためにとりなしてくれているのです。一緒に黙って泣いてくれる。それは解決よりも尊いことなはずです。聖霊の働きは強制的ではなく、私を愛で包み込むのです。

主はその人に選ぶべき道をお教えになる。

[詩篇25：12～15]

聖霊に従う人生は、選択をやめる人生です。もし、あなたが聖霊に従うか、自分の思いに従うかと選択しているならば、それは聖霊に従う人生ではありません。それはあなたが人生のハンドルを握り、自分の計画ありきで、あなたが聖霊を必要としているだけです。そこには平安がないはずです。うまくできるかと苦しむ道です。聖霊に従う人生は、あなたが聖霊を選ぶのではなく、聖霊があなたを選んでくれたことを信じる人生なのです。

5月21日

御霊に従う者は御霊に属することを考えます。

［ローマ8：5］

聖霊に従う人生は、聖霊に助けてほしいことを求めるのではなく、聖霊ご自身を求める人生です。それは三位一体なる神様があなたを愛していることを心の中心に受け取るところから始まります。そして、この人生が始まる重要なカギはあなたを通してでなくては神様と出会えない人がいることを信じることです。神様があなたを必要としていることは、あなたの幸せで終わりません。あなたを神様の愛が必要な人のところへと遣わす聖霊です。

5月22日

上にあるものを思いなさい。地にあるものを思ってはなりません。[コロサイ3:2]

聖霊に従う人生は、「わからない」の先にあります。それをする理由は効率や必要だからではなくなります。ただ、聖霊に導かれてです。究極的には、私たち人間にはどうしてそれをするのかはわからないのです。わかるのは、聖霊がそこにいて、あなたを導いているということだけです。聖霊の働きが見えないのは「こうしてほしい」と聖霊に祈るからです。それは自分の欲しいものを求めているのであって、聖霊の導きを求めてはいません。

5月23日

主ご自身があなたに先立って進まれる。 [申命31：8]

聖霊に従う人生は、あなたの能力を超えるところにあります。あなたができることをしようとしている時には、聖霊の導きが見えなくなるものです。それは自分のできる能力に頼っているからです。私たちは自分ではなく、聖霊を全てにおいて頼り生きていく時に自由になります。あなたがそれはできないと思っていても、聖霊の力によってそれを喜んでできるようになります。聖霊は何も持たないあなたを自由に導きます。聖霊を求めましょう。

5月24日

信仰は、望んでいることを保証し、目に見えないものを確信させるものです。

[ヘブル11：1]

聖霊に従う人生は、見えない道です。私たちはどうしてそれをするのか理由を見たいと思ってしまいますが、実は、それが私たちを苦しめているのです。私たちは自分が死ぬ時のことを見えないから生きていけるし、体の細胞が見えないから触れるものです。自分が見えていることが本当に正しいのか、成功するのかと考えているよりも、見えないからこそ、聖霊がそこにいて、神様があなたを必要としてくれていることがわかるものです。

5月25日

主とその御力（みちから）を尋ね求めよ。絶えず御顔を慕い求めよ。　[詩篇 105：4]

聖霊に従う人生は、人生の目的を受け取る人生です。互いに愛し合い、親切にしようと目的をもつとき、私たちは優しい行動を目指します。でも、自分では親切と思っていた行動が相手にとっては迷惑になってしまうことってありますよね。親切は道徳的行動ではないと哲学者カントはいいます。辞書でもそれは、心の在り方だとあります。目的を探すのではなく、心を神様に広げて、神様からの目的を受け取ることから人生は始まるのです。

キリストの恵みによって義と認められ、永遠のいのちの望みを抱く相続人となるためでした。［テトス3:6、7］

聖霊に従う人生は、自分のための人生ではなく、人のためにある自分となる人生です。ある心理学では自分を怒らせる原因は相手ではなく自分の中にあると言います。怒らないように生きる人生は自分の内側を見る視点で、そこから愛は始まりません。聖霊はあなたを外向きに変えようとします。あなたは内側を向くのではなく、神様が大胆に、ありのままのあなたが神様の愛をこの世に放つ器となるように作り変えてくださることを信じましょう。

5月27日

「…言うべきことは、そのときに聖霊が教えてくださるからです。」[ルカ12：12]

聖霊に従う人生は、目的がシンプルに一つになります。学校に行くこと、学ぶこと、働くこと、そしてご飯の用意でさえも全てにおいて聖霊に導かれてすることなのです。ゆえに私たちの生きる目的は聖霊に導かれることになります。こうじゃなきゃだめだ、これが正解だと自分の何かを握り締めるのではなく、何があっても、失敗だと思っても、聖霊が導くその先には必ず神様の計画があることを信じて進む信仰の道が聖霊と共に歩む道です。

父はもう一人の助け主をお与えくださり、その助け主がいつまでも、あなたがたとともにいるようにしてくださいます。

[ヨハネ14：16、17]

イエス様が復活してから五十日後に聖霊が弟子たちに下り、力を得たと聖書にあります。この聖霊が真理の霊として永遠に私たちの内に生きてくださると約束されています。どんなときも共にいてくださり、私たちを導いてくださるのです。聖霊は父なる神様の計画をもって、イエス様の慈しむ愛を私たちに教え、共に生きてくださる聖霊なる神様です。真理は御霊が教えてくださるのですから、私たちはいつでも聖霊を見上げていきましょう。

5月29日

神の聖霊を悲しませてはいけません。

［エペソ4：30〜32］

私たちの人生はうまく生きていくことが目標ではなく、どんなときも聖霊に導かれて歩むことが目標です。大切なのは聖霊なる神様が導く道を信頼することです。私たちが神様にこれはできませんと言うときは、自分で自分をできない自分にしていて、全能なる神様を信頼していないことになります。神様の愛によって変えられていくことを拒否していることになります。たとえ、うまくいかなかったとしても、聖霊が導く道に希望はあるのです。

5月30日

肉が望むことは御霊に逆らい、 御霊が望むことは肉に逆らうからです。

[ガラテヤ5：17]

あなたが願っていることができなくなるのは、聖霊が働いているからかもしれません。聖霊は律法の下でうまくできないで悩んでいるあなたを、そこから導き出し、責めるのではなく、ありのままのあなたを神様の愛を伝えるために用いようとしているのです。願っていることを手放し、御霊と共に歩んでいるかが大切なのです。御霊が導くところには御霊の実があります。そこにはあなたにとっての新しい願いとの出会いがあるはずです。

5月31日

御霊の実は、愛、喜び、平安、寛容、親切、善意、誠実、柔和、自制です。

［ガラテヤ5：22、23］

ギリシア語で御霊の実は単数で表されています。一つの房として描かれているのです。それは、御霊の実はそれぞれ九つありますが、それらの実は、一房として神様が私たちに与えてくださることを教えてくれています。私たちがどんな実を結ぶことができるのかと心配するのではなく、これらの実は神様が私たちに与えてくださるということを覚えることが大切です。私たちは通り良き管であり、実を実らせてくださるのは神様なのです。

6月
三位一体なる超越した神

生きていても
いいんだろうか
うつむいて歩いていた

愛の内に
生かされているんだ
と知ったとき
光がさした

6月1日

主の栄光が現されると、すべての肉なる者がともにこれを見る。 [イザヤ40：3～5]

神様が何をしてくれるのかを考えてばかりいると神様本来の姿が見えなくなります。私たちの意識が神様のしてくれることに集中してしまうからです。それは、お土産を持って帰ってくるお父さんを迎えるときに、お父さんではなく、持って帰ってきたお土産ばかりが気になるのと同じです。何をしてくれるかではなく、心を空にして、三位一体なる神様がどのような神様なのかと思いめぐらすときに、必ず神様の計画が見えてくるはずです。

6月2日

主イエス・キリストの恵み、神の愛、聖霊の交わりが、あなたがたすべてとともにありますように。 [IIコリント13：13]

神様は一人です。しかし三位格として、父なる神、子なる神、聖霊なる神がおられます。この三位の神様が、お互いのために自分を犠牲にしあっている形としての一人の神様であり、そこにある本質は愛のコミュニティです。ここには“自分のため”というコンセプトはありません。全てが“互いを活かすため”、“相手のため”という関係です。神様の愛は受け取るだけでは終わらない犠牲の愛です。その愛の内に生かされている私たちです。

6月3日

愛をもって互いに仕え合いなさい。

[ガラテヤ5：13]

私たちが愛を伝える動機は何でしょうか？　それはこの世を変えなくてはという必要ではなく、《父なる神様》の私たちのために涙を流してくださる愛と、《イエス様》の私たちのためにいつも一緒にいてくださる恵みと、《聖霊様》のお互いを思いあう犠牲の愛に私たちが包まれる時、三位一体なる神様の愛を体験します。そして、その愛に突き動かされて、私たちもその愛を伝えるという行動が神様から始まるのです。

6月4日

外を向く姿勢

自分を愛してくれる者たちを愛したとしても、あなたがたにどんな恵みがあるでしょうか。[ルカ6：32]

一人だと自己愛しか生まれない。二人だと相手を自分が思う愛しか生まれない。三人だと自分を犠牲にする愛が生まれる。そして神様はお互いがお互いのために自分を犠牲にしあう形で愛しておられます。この三位一体の神秘さによって、外向きさが現れるのです。私たちが三位一体なる神様の愛ぬきで人を愛する時、自分がささげたものに見合うものを要求してしまうものです。私たちには三位一体なる神様の外向きさが必要なのです。

6月5日

神とともに働く者として、 あなたがたに勧めます。
[IIコリント6：1～12]

三位一体の神様の愛は互いを思い合う愛ですが、それで完結しない愛です。互いが幸せであればそれで満足という愛ではなく、互いが幸せであることによって、そこから一筋の光が放たれます。神様の愛からはいつも「愛を伝える」というベクトルがあります。その愛を受ける時、私たちは自分の幸せを受け取るだけではなく、この外向きなベクトルを受け取るのです。十字架の聖(きよ)い愛を、苦難のある場所に運ぶ使命が私たちにはあるのです。

6月6日

暗闇を照らす神様

さあ、主に立ち返ろう。　［ホセア6：1〜3］

私たちが希望が見えないくらいの暗闇を通っていても、必ず神様は光を照らしてくださいます。

それは、十字架の上で苦しむイエス様にも父なる神様からの愛が届いているからです。三位一体なる神様の犠牲の愛から出てくるのは、相手に寄り添う愛です。私たちは三位一体の神様のこの愛の中に生きているのです。主と共に歩む私たちはひとりぼっちだと感じることがあったとしても、孤独にはなりません。もう一人ではないのです。

6月7日

わたしが喜びとするのは真実の愛。…神を知ることである。 [ホセア6：6]

三位一体なる神様はこの天地を創られ、そしてあなたを創られた神様です。あなたを良しとし、そして「あなたにしかできない」ことを目的として与えてくださる神様です。この神様はあなたが何かうまくできたら褒めてくれる神様ではなく、あなたの行動の手前を愛し、あなたの存在に意義を見いだしてくださる唯一の神様です。こうしたら正解だと教えるのではなく、神様があなたと共に生きてくださり、事を成してくださる関係性の神様です。

6月8日

私の欠けから

主は私を引き上げてくださった。 [詩篇40：1〜4]

たとえ私の中に愛がなくても、三位一体の神様の愛が注がれていきます。少しずつ、私たちはこの愛の中で神様の愛を教えていただきながら成長していくのです。神様が三人で、決して離さない手をつないで聖なる愛のダンスを踊っている。そのダンスの中に私たちも入れられているのです。私が愛を注ぎ出すのではないのです。注ぎ出される愛の中に私は参加して、生かされているのです。私のひびや欠けから注ぎ出す神様の愛なのです。

6月9日

十字架の愛の計画

死が一人の人を通して来たのですから、死者の復活も一人の人を通して来るのです。[Iコリント15：20～22]

三位一体の愛を私たちが受け取れるためにイエス様は十字架に架かりました。この三位一体の神様のひとりとして。また、人間を代表する第二のアダムとして。罪人である私たちが神様の愛を受け取るにはどうしても十字架が必要だったのです。十字架には二面あります。一つは、神が人の姿を取り、神と被造物との境にある壁を超えて、この世に犠牲のうちに愛を現しました。もう一つは、私たちの罪を赦し、その愛を受け取るためです。

あなたがたに新しい心を与え、あなたがたのうちに新しい霊を与える。 [エゼキエル36：26]

十字架の愛は、三位一体の神様が互いに相手のために犠牲となる愛です。父なる神様はイエス様に全ての思いを託します。イエス様が十字架に架かり死ぬことを良しとし、私たちのところにイエス様を送ってくれました。子なるイエス様は父なる神様を信頼し、苦悩の道を私たちのために歩いてくれました。聖霊なる神様はイエス様の思いを引き受けて、私たちを助け、導いてくれるのです。この愛は私たちを新しい私たちへと変えるのです。

6月11日

わたしがあなたがたのうちにわたしの霊を入れると、あなたがたは生き返る。　[エゼキエル37：14]

アダムが罪を犯したことにより、私たちはベクトルが内側に向いて生まれました。自分のためにある自分しかもっていなかったのです。でも、イエス様が第二のアダムとして十字架に架かってくれて、私たちを三位一体なる神様の愛のうちに新しく見いだしてくれたのです。

この愛は外へ向くベクトルをもつ、私たちの本来の姿へと戻してくれます。それは、自分の欲望や思いに生きるのではなく、人のためにある存在へと変えられることです。

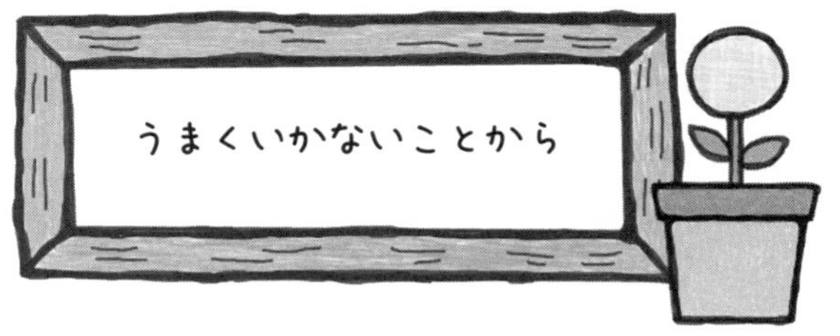

来て、わたしに祈るなら、わたしはあなたがたに耳を傾ける。　[エレミヤ29：12〜14]

三位一体なる神様の愛は私たちにどう生きるかを教えるのではなく、生かされることを教えてくれます。私たちは「どうすればうまくいくか」といつも考えている気がします。この、「うまくやらなければ」という人生観が人を苦しめていると思います。神様はうまくできるかという価値観から私たちを解き放ち、神様の奇跡を驚くほど見せてくださいます。うまく生きることをやめ、神様を信頼し、生かされる人生を歩んでいきましょう。

6月13日

涙の中にある希望

「父よ、わたしの願いを聞いてくださったことを感謝します。…」　[ヨハネ11：40～44]

イエス様は私たちと共に泣いてくださいます。親友のラザロの死を知ったイエス様は涙を流されました。しかし、それは絶望の涙ではありません。その後にイエス様はラザロを生き返らせてくださることを信じます、と父なる神様に信頼の祈りをしました。ラザロを生き返らせたのは父なる神様でした。イエス様はどん底に沈む痛みに寄り添い、父なる神様は痛みの中のあなたを抱え、聖霊なる神様があなたを再び立ち上がらせてくださいます。

6月14日

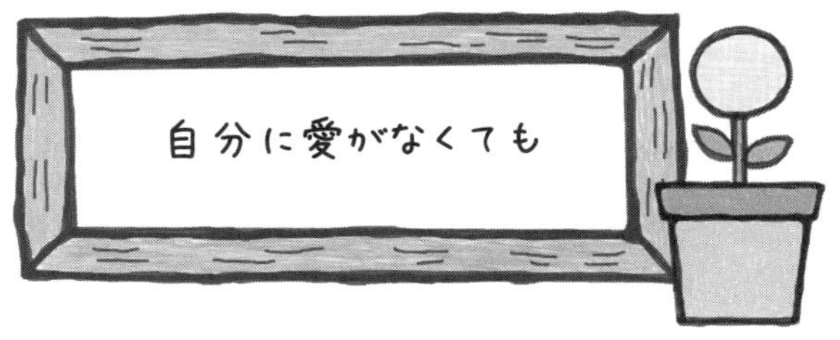

神の力によってキリストとともに生きるのです。

[IIコリント13：4]

自分ができることをしようとすると何もできなくなりますが、十字架に目を留めて、神様の愛を伝えようとすると、私たちは力を受けます。それは私たちを後ろから手を振って、頑張れと送り出してくれるだけの応援ではなく、三位一体の神様自らが私たちと共に犠牲の愛を伝えてくださることを体験するからです。私たちが神様の愛を伝えようとしている時、私たちは一人ではありません。三位一体の神様が共にいてくださるのです。

6月15日

主が人の子らを、意味もなく、苦しめ悩ませることはない。 [哀歌3：31～33]

神様に全てを任せられないのは、赦しをすでに受け取っているのに、赦されることをどこかで求めているからです。そこに信頼はないのです。赦しの先に愛があるのではなく、愛の中にしか赦しはないのです。だから赦されることを求めていると神様の愛はわかりません。自分を信頼するのではなく、三位一体なる神様が愛してくれていることを信頼する時、赦しを受け取れます。そこからしか全てを任せる（ゆだねる）道は始まらないのです。

6月16日

明日のことまで心配しなくてよいのです。

[マタイ6:34]

三位一体なる神様の愛のうちに生きるための入り口は「今」を見つめる視点です。現代は明日に向かって生きようといいます。それは、明日という未来に希望があるというキャッチフレーズです。でも、それが人を苦しめています。本当の未来は今にあります。なぜなら、今を生きるインマヌエルの神様だからです。三位一体なる神様のうちに真実の希望があるのですから、私たちは明日ではなく、今を見つめるのです。今を生きる私たちです。

6月17日

「さあ、人をわれわれのかたちとして、われわれの似姿に造ろう。…」 [創世1：26]

三位一体なる神様は全てであることを断念した神様です。神様はこの世界を創造した時に、自分だけで完結する世界ではなく、私たちを必要とし、この世界に置かれました。それは、私たちをいのちがけで必要としているということです。互いに愛しあう三位一体なる神様の愛を私たちを通して世界に放つために、あなたを必要としているのです。神様ですから自分で全てを行えたはずです。でも、あえて、弱さをもつあなたを必要としているのです。

人を気づかう神様

わたしは彼の願いを受け入れるので、 あなたがたの愚行に報いるようなことはしない。 [ヨブ42：7～9]

三位一体なる神様は、人を気づかう神様です。問題を解決することを第一にするのではなく、その問題に関わる人たちの忍耐や愛の渇望を気づかうのです。絶望の中にあっても、それでも立ち上がろうとする人に寄り添いたいと思っているのです。痛みがあっても人のために愛を注ごうとしている人を助けたいと思っているのです。神様が何もしてくれないと感じるとき、神様は人を気づかい、誰かをあなたのもとへ送ろうとしているかもしれません。

6月19日

完全な信仰を持っていても、愛がないなら、私は無に等しいのです。 [Iコリント13：2]

三位一体なる神様の愛は相手のために傷つくこともよしとする愛です。相手を傷つけないようにとよくいいますが、それは、神経症的非利己主義であって、愛ではありません。結果的に誰にでもいい顔をしてしまうという表面的な心ない行動になってしまいます。三位一体なる神様の自分を注ぎ出す愛の中に生かされている私たちは、たとえ自分の中にその愛がなくても、神様の愛でお互いのために自分を注ぎ出すことができるのです。

6月20日

あなたのような神が、ほかにあるでしょうか。

［ミカ7：18～20］

三位一体なる神様の愛は量り知れないものです。シモーヌ・ヴェイユは教授としての給料も当時の低所得労働者の金額以外は全てを寄付するほど、人に寄り添いました。彼女は神様の愛を人の痛みに寄り添うことで表しました。そんな彼女の姿は他の人には愚かに見えたかもしれません。でも、神様の愛に動かされる時、それは人の理解を超えるほどのものとなります。泣く者と共に泣くとき、三位一体なる神様を見いだすことが奇跡なのです。

6月21日

神だけを見つめる

絶えずあなたの神を待ち望め。　[ホセア12：6]

私たちの霊の目はまっすぐ三位一体なる神様を見上げているでしょうか？　それとも、自分の心の中にある必要をかたくなに見ているでしょうか？　三位一体なる神様を見上げるとき、それは、あなたが神様ご自身の愛の関係の中にいることを知る時です。赦されることではなく、赦しの神様を。癒やされることではなく、癒やし主なるイエス様を。満たされることではなく、満たしてくださる聖霊様を、私たちは求めていく必要があります。

6月22日

互いの中にある自分

主のあわれみが尽きないからだ。

［哀歌3：19～22］

人からいろんなことを言われて自分が壊されることってありますよね。そんな時は一人になって、自分を整えたいと思うものです。でも、他者との出会いがなければ、そこで他者に責任を負うということがなければ、「神」ということばは意味をなさないとユダヤ人神学者レヴィナスは言います。自分だけで考えていても愛はわかりません。他者との関わりのうちに、三位一体なる神様が互いに思い合う、その愛の中でしか本当の愛は見いだせないのです。

6月23日

超越した光の希望

この奥義とは、あなたがたの中におられるキリスト、栄光の望みのことです。 [コロサイ1：27]

三位一体なる神様の光は暗闇を照らす一点の光です。街のキラキラした輝きは人の心の暗闇を隠しますが、上から（超越して）くる神様の光は、人間の力では解決できない、その暗闇に必要な光で、人間の罪深さを照らし、そこに赦しを届ける真実の愛の光なのです。超越したところにおられる三位一体なる神様から、この光を私たちのところに届けるために神の子であるイエス様が人の子となられました。イエス様が私たちの希望の光なのです。

6月24日

神に生きるために、律法によって律法に死にました。 [ガラテヤ2：19]

律法に死ぬとは、目に見える律法から判断することをやめて、イエス様のほうを向いて歩くことです。「聖書にこう書いてあるからそれは間違いです」と考えることは人間を苦しめ、人を責める態度になってしまいます。表面的に聖書を見ていると人間は不自由になります。でも、その不自由さを終わらすためにイエス様は来られました。そのことばの奥にあるイエス様の愛によって、私の心を砕き、解放し、人の苦しみに寄り添うことができるようになるのです。

6月25日

あなたに向かって叫んでも、あなたはお答えになりません。
[ヨブ30：20]

現代の信仰は、神様がこれをしてくれたというような、「見えるところ」から始まります。祈ったら願いが叶(かな)うと信じるのです。でも、それでは問題が起こります。なぜなら、祈ったのに願いがきかれないこともあるからです。それは、見えるところでは、神様が叶えてくれなかったという理解になりますが、「見えないところ」におられる超越した神様を見いだすならば、そこにも神様の計画があるということを知ることができるのです。

6月26日

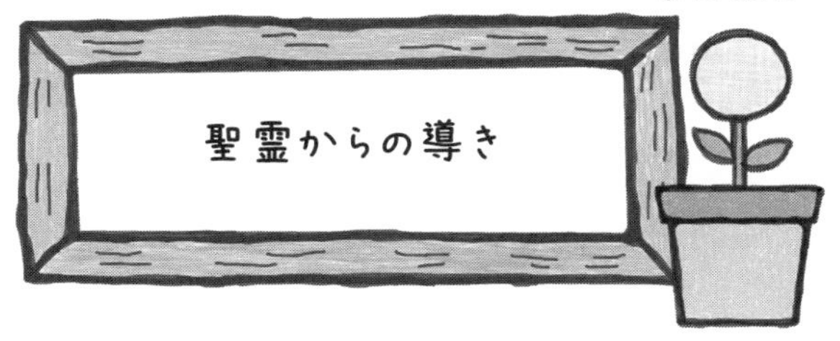

聖霊からの導き

もはや私が生きているのではなく、キリストが私のうちに生きておられるのです。　[ガラテヤ2：20]

アメリカの神学校で、説教はなく、みんなで祈るという礼拝がありました。最初は一人ひとりが静かに祈っていました。でも、少したつと友人が違う友人のところに行って昨晩のことを謝り、共に祈っていました。ある人は聖霊を感じ、前に出て祈りながら泣いていました。その時です。私はイエス様が行けと言われたのを感じ、初めて友人のところに行って共に祈りました。キリストが私のうちに生きていることを感じた初めての体験でした。

6月27日

自分たちの心を、 両手とともに、 天におられる
神に向けて上げよう。　[哀歌3：40、41]

「慰めの源としての宗教は真の信仰への障害である」と哲学者シモーヌ・ヴェイユは言います。超越した神様は解決にはいません。なぜなら、解決は目に見える結果だからです。私たちは問題が解決すると安心しますが、全てがそれによって平安になるとは限りません。逆にこの問題もあの問題もと目がいろんなものにいってしまい、つらくなることもあります。解決を求めるのではなく、解決してくれる超越した神様を求めていく姿勢こそが信仰です。

6月28日

不在という信頼

私のたましいは黙って ただ神を待ち望む。

[詩篇62：1〜3]

シモーヌ・ヴェイユは神様は全てを創(つく)られた時に一人で全てを支配するのではなく、自分に似せて人間を創り、人間に任務を与え、責任を委(ゆだ)ねられたと言います。さらに、私という存在は神様が退いたゆえにある存在であると言います。それゆえ、神様がいないということは人間にとっては驚嘆するほどの神様の愛であるというのです。三位一体なる神様の関係の中では、相手を信じ委ねることが信頼と愛です。私たちにもその愛が注がれているのです。

6月29日

自分よりも大切なもの

だれかがほかの人に不満を抱いたとしても、互いに赦し合いなさい。 [コロサイ3：12～15]

私たちは三位一体なる神様の犠牲の愛のうちに招かれ、生かされる存在です。そこには自己中心さはなく、互いを思い合う関係だけがあります。私もその一部としての存在の意味を見いだしていくのです。そこで受ける赦しは、赦されたで終わりません。私の赦しも、私を赦すだけではなく、人を励ます赦しへと変えられます。本当に赦しを神様から受ける時、あなたは神様のほうに方向転換します。自分よりも神様の思いを大事にするようになるのです。

6月30日

「…あなたは、私があなたを愛していることを知っておられます。」 [ヨハネ21：17]

イエス様のことを三度も知らないと言ってしまったペテロは落ち込み、漁に出てしまいました。全てをかけたイエス様を裏切った気持ちだったからです。でも、イエス様はペテロに私を愛するかと三度質問しました。愛していると答えるペテロに私に従いなさいと言われました。ペテロは三位一体なる神様の深い絆を受け取ったのです。それはこの絆の中に、自分の居場所があると教えられ、確かに遣わされる愛を受け取ったのです。

7月
十字架上のことば 1-4

苦しみの中から
出たことば

大きな大きな
愛のことば

7月1日

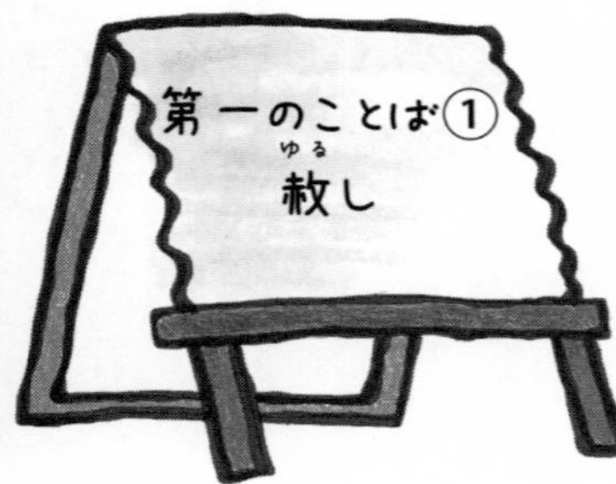

彼らはイエスを、ゴルゴタという所…に連れて行った。　[マルコ15：21～26]

イエス様が十字架の上で痛みと苦悩の中、最初に語られたのは、自分を救うことではなく、私たちへの赦しでした。普通は赦されるというのは、してしまったことを悔い、「すみません」ということです。でも、イエス様はここで、私たちのしたことを赦すというのではなく、何をしているかもわからない私たちのところに自らが赦しとして来てくれたのです。それはあなたの存在を認め、必要としてくれていることを表す、イエス様の愛なのです。

【十字架上のイエスのことば第一】「父よ、彼らをお赦しください。彼らは、自分が何をしているのかが分かっていないのです」(ルカ23：34)

「…十字架から降りて来て、自分を救ってみろ。」
[マルコ15:29、30]

現代は、私たちの存在を自分の立場やしていることで表すので、立場が崩れたり、失敗してしまうと、自分が誰なのかわからなくなり、苦しくなります。私たちはイエス様の愛を受け取る必要があります。それは、イエス様だけが、あなたがしたことであなたを判断するのではなく、あなた自身の存在を受け取ってくださるからです。イエス様が十字架の上で苦しまれたのは、苦しいときも、あなたを見捨てず、あなたと生きていくためなのです。

7月3日

祭司長たちも律法学者たちと一緒になって、代わる代わるイエスを嘲(あざけ)って言った。　[マルコ15：31、32]

処刑場で働く兵士たちは仕事が何かを知っていた。無関心に、「さっさとやっちまおうぜ」とただ仕事をこなした。総督ピラトはイエス様がユダヤの王と呼ばれているのを知っていた。騒ぎになることを面倒に思い、非のないイエス様を十字架につけた。弟子だったユダはイエス様がどんな方が知っていた。それでも銀貨30枚のためにイエス様を裏切ってしまう。それでもイエス様は言う。「彼らは、自分が何をしているのかが分かっていないのです」(ルカ23:34) と。

「彼らは私の衣服を分け合い、 私の衣をくじ引きにします」　[ヨハネ19：23、24]

兵士たちのように、時に人に対して無関心になってしまう私がいます。ピラトのように失敗しないようにと、人をコントロールしてしまう私がいます。イスカリオテのユダのように自分の都合で人を裏切ってしまう私がいます。「自分が何をしているのかが分かっていないのです」(ルカ23：34)。それは私のことです。イエス様はそんな私のために十字架に架(か)かってくださったことを信じます。十字架の痛みにより赦される。そのままの姿で十字架の前に出ましょう。

7月5日

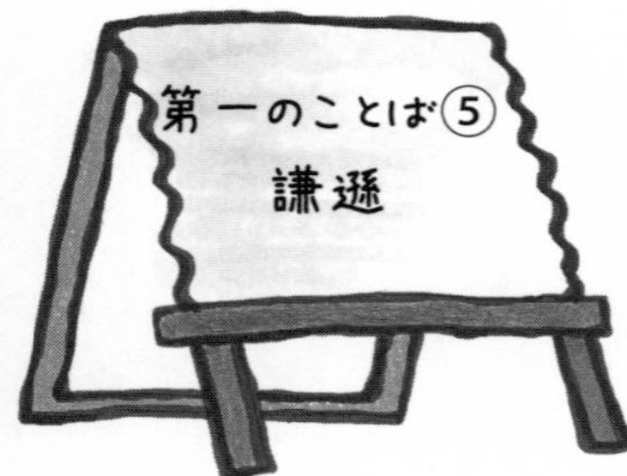

「父よ、彼らをお赦しください。彼らは、自分が何をしているのかが分かっていないのです」

[ルカ23：34、35]

「彼らをお赦しください。彼らは、自分が何をしているのかが分かっていないのです」というイエス様のことばは「私をお赦しください。私は、私が知る以上に赦しが必要なのです」ということだと思います。「彼ら」の中に「私」がいるのです。私たちは自分の思いや目的を第一としてしまう自己中心な者です。イエス様を第一とできない私たちがいます。命まで投げ捨ててくれたイエス様の愛を心の真ん中に受け取ることができるようにへりくだりましょう。

7月6日

「おまえは神を恐れないのか。おまえも同じ刑罰を受けているではないか。…」
[ルカ23：39～41]

エルサレムの処刑場に人が群がっている。いつもとは違う人が今日は処刑されると噂を聞いた群衆。人殺しでもなく、盗人でもない。この人には罪がないということを知っている人もいた。この人は三つある十字架の真ん中で、苦しんでいた。それが、神の子であるイエス・キリスト。体中に鞭(むち)で打たれた傷がある。つばきをかけられ、ののしられ、ばかにされているイエス様。そんな中、助けを求める者へ愛の手を差し伸べるのです。

【十字架上のイエスのことば第二】「まことに、あなたに言います。あなたは今日、わたしとともにパラダイスにいます」(ルカ23：43)

7月7日

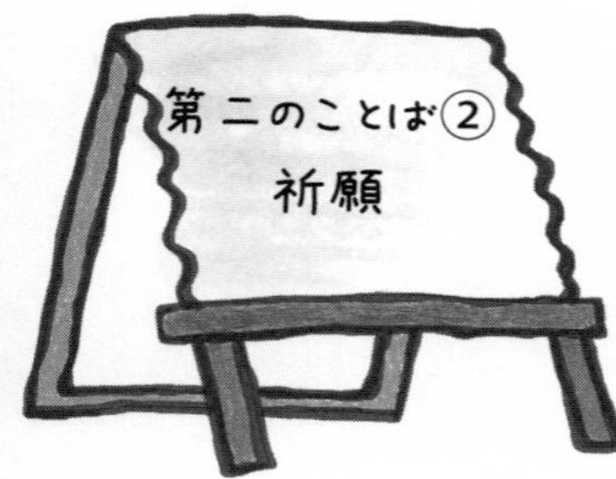

「あなたが御国（みくに）に入られるときには、私を思い出してください。」　[ルカ23：42]

イエス様の隣で同じように十字架に架けられた罪人が二人いました。一人はイエス様を罵倒（ばとう）し、神だったら自分を救えと叫びます。もう一人は罵倒する彼に、「神を恐れないのか」と言い、やめさせようとしました。自分たちは罪を犯したから当然だけど、この方は何も悪いことをしていないと告白しました。彼は罪から逃れることではなく、自分には救いが必要ですとへりくだったのです。そして、「私を思い出してください」と言いました。

7月8日

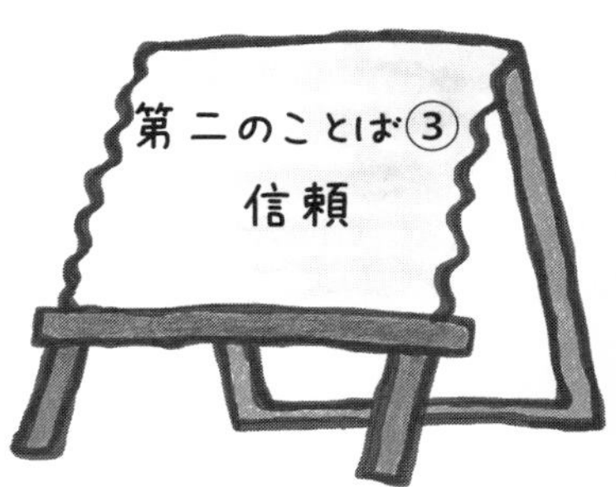

「…あなたは今日、 わたしとともにパラダイスにいます。」 [ルカ23:43]

この犯罪人はイエス様と時間を過ごしたわけではありません。一緒に歩いたこともない。まして奇跡を見たこともない。彼が見たイエス様の姿はみっともなく十字架に架かっている姿です。それでも彼は正直に自分の罪を認め、そしてイエス様を神の子と信じたのです。自分の外に希望の光を見いだしたのです。イエス様は彼の罪を赦し、そして言われました。「あなたは今日、わたしとともにパラダイスにいます」。これが第二の十字架のことばです。

7月9日

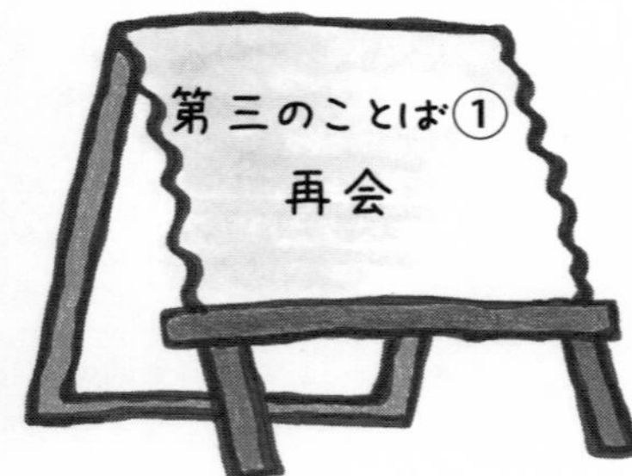

「…イエスとつけなさい。この方がご自分の民をその罪からお救いになるのです。」 [マタイ1:21]

おそらく50代になっているイエス様の母マリアが十字架のもとに来ます。久しぶりのイエス様との再会でしょう。ナザレにいた純粋な信仰をもったマリアは、若い時に聖霊によってイエス様を身ごもりました。

周りからたくさんの批判があったでしょう。友人たちからもさげすまれ、時にはヨセフからも疑われたかもしれません。誰にもわかってもらえない思いを一人で抱えてきました。それを理解するのは息子であるイエス様だけだったのです。

【十字架上のイエスのことば第三】「女の方、ご覧なさい。あなたの息子です」「ご覧なさい。あなたの母です」(ヨハネ19:26、27)

安息日になって、イエスは
会堂で教え始められた。
[マルコ6：2、3]

マリアはそれから、少年イエスの成長に全身全霊をささげてきたことだと思います。周りからは人と違うからといって偏見の目で見られていたかもしれません。人と違うことって私たちにとってはつらいことですが、マリアにとっては、この人と違うということが唯一の息子を理解する糸口でした。目の前にいる息子は息子であって、息子ではない。親と子という関係以外の超越した神様の思いをどこかで感じていたマリアだったと思います。

7月11日

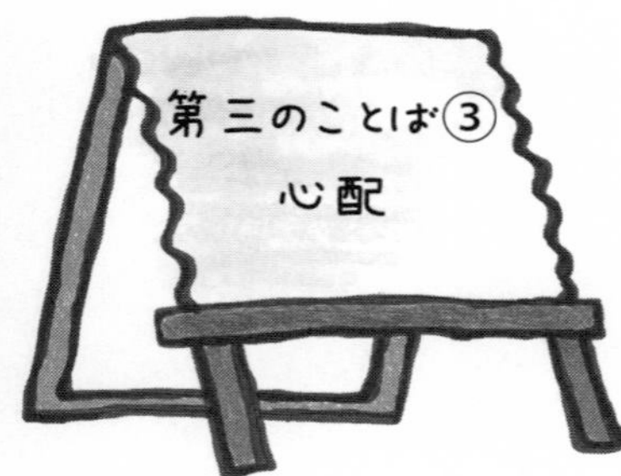

イエスの十字架のそばには、イエスの母とその姉妹、そしてクロパの妻マリアとマグダラのマリアが立っていた。

［ヨハネ19：25］

イエス様は、30代になった時に母マリアから離れ、福音を伝えるために家を出ました。たまにはマリアと再会できたこともありました。しかし毎日家に帰ってくるという生活ではなかったでしょう。その頃からマリアの耳に届くイエス様の噂は、批判的なものであったかもしれません。それでも一人、息子を信じ、帰りを待ち続けていたマリア。そしてこの日、自分の息子が十字架に架かっていることを知り、こうして再会したのです。

「女の方、ご覧なさい。あなたの息子です」

［ヨハネ19：26、27］

マリアは自分の息子が十字架に架かっているのを見て胸が張り裂ける思いだったでしょう。見ていられなかったでしょう。できるなら替わりたい。できないとわかってはいても、それが正直な気持ちだと思います。

そんな時に、イエス様は母マリアに向かって言います。「女の方、ご覧なさい。あなたの息子です」。イエス様が十字架の上で語られた第三のことばです。マリアにとって、この「女の方」と呼ばれることには深い意味があるのです。

7月13日

私の霊は私の救い主である神をたたえます。

[ルカ1：46～53]

マリアとイエス様の関係は親子の関係だけではありませんでした。

ルカ１章で、マリアは「私の霊は私の救い主である神をたたえます」と主を賛美しています。どんなときも変わらずにイエス様を主と信じ続けてきたマリア。親子という関係以上に、一人の信仰深い女性と救い主との関係の中で、イエス様は「女の方」と言われました。マリアは、はっとして、思い出したと思うのです。初めてイエス様から「女の方」と呼ばれた時のことを。

「女の方、 あなたはわたしと何の関係がありますか。…」 [ヨハネ2：1〜4]

公に出ることを決意されたイエス様は、カナでの婚礼の時、マリアをお母さんではなく、「女の方」と呼びました。ここで訳されている「女の方、あなたはわたしと何の関係がありますか」ということばはギリシア語では四つの単語で「それはなんでしょう。わたしとあなたにとって」という意味です。このことばはイエス様がマリアに距離を置いているのではなく、二人の親子を超える、新しい信頼関係の始まりが描かれているのです。

7月15日

「…わたしの時はまだ来ていません。」

［ヨハネ2：4〜11］

イエス様の「わたしの時はまだ来ていません」という告白をその時受け止めることができたのは、マリアだけだったかもしれません。この時からイエス様が自分を離れ、親子の関係より深い、救い主としもべとしての関係が始まったことでしょう。そして、数年後に「女の方」と呼ばれたのが、このカルバリの丘でした。「女の方」と呼ばれることでそのことを思い出し、今日がイエス様の時だということを涙と信仰をもって受け取ったマリアでした。

7月16日

彼らはみな、女たちとイエスの母マリア、およびイエスの兄弟たちとともに、いつも心を一つにして祈っていた。　[使徒1：14]

十字架の上からイエス様が「女の方」と呼ばれたことにより、マリアはしもべとして救い主であるイエス様を見上げることができました。マリアにとっての苦悩の場所でした。そこにイエス様が愛を注いでくださったのです。この第三のことばは、私たちが苦しむ時、そこにイエス様が共にいてくださり、私たちの苦悩を受け取って、共に苦しんでくださることを教えてくれます。イエス様はこの苦しみのどん底から希望の光を放たれたのです。

7月17日

聞いてください 主よ。私が呼ぶこの声を。

[詩篇 27：7〜10]

少年集中医療センターに、心臓にあいた2ミリの穴を、手術する女の子がいます。ご両親が廊下で泣き崩れています。孤独な寂しさに苦しむホームレスの人たちがいます。自分を失う恐怖から逃れるために何かに埋もれていく人がいます。日本では一日に中絶手術で約7千人の赤ちゃんが殺されています。計算すると約10秒間に一人の命が殺されているのです。一度も人のぬくもりを感じることなく死を迎える命。「神様は私たちを見捨てたのでしょうか？」

【十字架上のイエスのことば第四】「エリ、エリ、レマ、サバクタニ」…「わが神、わが神、どうしてわたしをお見捨てになったのですか」（マルコ15：34）

7月18日

十二時から午後三時まで
闇が全地をおおった。

[マタイ27：45]

金曜日。九時ちょうどにイエス様は十字架に架けられました。たくさんの人に罵られ、つばをかけられ、十字架につけられました。血が流れ出て、喉が渇ききって息をするのもままならず、痛みが全身に走ります。

12時になると光が突然なくなり、暗闇が地上を覆いました。集まっていた人たちは苦しむイエス様の十字架を見つめました。この暗闇は死に向かうドアをもたらしました。そして、イエス様は「エリ、エリ、レマ、サバクタニ」と叫ばれました。

7月19日

「エリ、エリ、レマ、サバクタニ。」　[マタイ27：46]

「わが神、わが神、どうしてわたしをお見捨てになったのですか」

３時間、暗闇が辺りをおおいました。希望というものが見えないような雰囲気です。今にも死にそうなイエス様が十字架の上におられます。ここに希望はないのでしょうか？　神様の愛はないのでしょうか？　本当に神様はイエス様を見捨てたのでしょうか？　私たちは今まで十字架を愛の象徴として見てきました。ここで愛の象徴が一時的にでも消えることがあるのでしょうか？

7月20日

「信じるなら神の栄光を見る、とあなたに言ったではありませんか。」

[ヨハネ11：40〜43]

ラザロが死んだ時、イエス様が流されたその涙を受け取った父なる神様です。ことばはなくても、その存在を感じ、奇跡がそこにあることを知っていたからこそ、イエス様は奇跡を信じ、慕っている父なる神様へ祈ったのです。ここに決して崩れることのない犠牲の愛の関係があることがわかります。人間が生まれる前から、世界の時が動き始める前からある父と子の犠牲の愛の関係です。それは十字架の上でも変わることはないのです。

7月21日

「どうか私たちを見捨てないでください。…」

［民数10：31］

ホロコーストや東日本大震災は悲観的な出来事です。神様は悲劇をとめられなかったのでしょうか。もう神様は私たちを見捨てたのかと思ってしまいます。そこには絶望、神様の怒り、天罰しかないのでしょうか？　そこにあなたは神様の愛を見いだすことができるでしょうか？　はい。できます。それでもあなたがいる。ここに希望があります。苦悩の中にいるあなたが、それでも隣にいる人と助け合う姿から、神様の愛が必ず表れるのです。

7月22日

彼らを荒野に見捨てられませんでした。

[ネヘミヤ9：19]

東日本大震災の直後に福島にボランティアに行きました。

テレビから見る福島の痛みは絶望でしたが、被災地に行って人と触れ合う中で体験したことは、人と人が触れ合うなかで、顔に笑顔が戻り、生きる希望が生まれることでした。確かに全人生をかけてきた仕事を失ったおじいちゃんの痛みや、生活のすべをなくしたおばあちゃんの絶望感がありましたが、私たちの外からくる希望があることを知りました。十字架の希望を見たのです。

7月23日

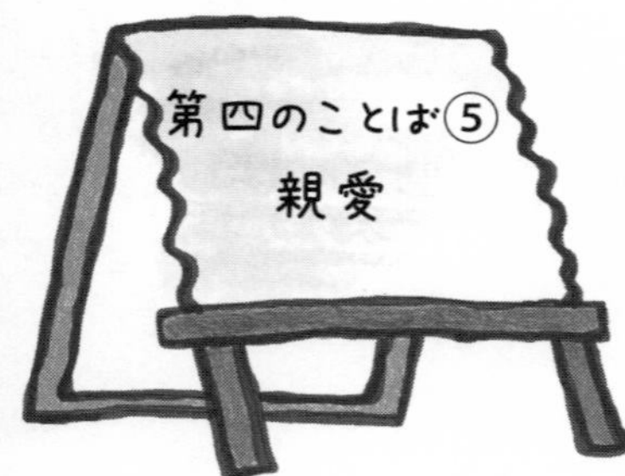

あなたは見ておられました。労苦と苦痛を じっと見つめておられました。
[詩篇10：14]

私たちは、理解できないことの中に神様がおられることを知る必要があります。本当に、イエス様は父なる神様に見捨てられたのでしょうか？　みなさんはたとえ一時的であったとしても、ひとり子を見捨てるような父なる神様の愛を、心から安心して受け取ることができるでしょうか？　大切なことは、十字架は赦しのためだけではなく、犠牲の愛を示すためにこの地上にあったことを知ることです。それが身代わりとなるイエス様の姿なのです。

【十字架上のイエスのことば第四】「エリ、エリ、レマ、サバクタニ」…「わが神、わが神、どうしてわたしをお見捨てになったのですか」(マルコ15：34)

7月24日

そして三時に、イエスは大声で叫ばれた。
[マルコ15：33、34]

イエス様は十字架の上でどうして見捨てるのかと嘆かれました。でも、それは不信仰ではないのです。父なる神様を信頼しているからこそ弱さを告白できるのです。この嘆きは私たちの希望です。調子のいいときに、イエス様を慕うのは簡単です。でも、問題は調子の悪いときです。失敗し、弱音を吐く人間を拒否せず、つらさを素直に告白する私たちを父なる神様は迎えてくれます。イエス様の思いを引き受けたように、私たちの重荷も背負ってくれるのです。

7月25日

わたしが彼らから離れず、
彼らを幸せにするために、
彼らと永遠の契約を結ぶ。

[エレミヤ32：40]

イエス様が父なる神様から見捨てられたのであれば、一時的にでも、三位一体の神様の存在がなくなったことになります。十字架の上に三位一体の神様の愛が無くなることは、絶対にないはずです。私たちは一時的にでも見捨てる神様を心から信頼できないはずです。しかし、父なる神様は愛するひとり子の痛みを、ある意味、イエス様以上の痛みを引き受けていたのです。父なる神様はイエス様を見捨てることは決してしないお方なのです。

わが神 わが神　どうして私をお見捨てになったのですか。　[詩篇22：1〜3]

ユダヤ人は詩篇を使ってお祈りをする習慣があります。イエス様も聖書のことばを用いて神様に祈っていたと思います。詩篇22篇１節に十字架上の第４のことばがあります。この詩篇は一見、見捨てられた者の叫びのように見えますが、すぐに３節で神様を信頼する賛美に変わります。イエス様が詩篇を使って神様に祈っていたのであれば、神様に見放されたイエス様の絶望ではなく、逆説的に最も深いところで神様への信頼を示す祈りの叫びになります。

7月27日

彼らは信頼し あなたは彼らを助け出されました。

［詩篇22：4、5］

ここにある「助け出された」ということばは、苦難を終わらせるということではありません。イスラエルの歴史は、神様の贖(あがな)いを示しています。どんなに神様に背いてもイスラエルの民を助け、救い、聖へと導き続けた神様の愛の歴史です。さばきではなく、聖なる愛の歴史なのです。

贖いの視点でイスラエルの歴史を見るとき、「助け出された」という意味は、苦難の中でさえも神様は共にいてくださり、導いてくださるということになります。

7月28日

母の胎内にいたときから
あなたは私の神です。
[詩篇22：6〜10]

兵士たちがイエス様をあざ笑う中、イエス様は詩篇22篇を思いめぐらし、祈っていたはずです。

何をしているのかわかっていない兵士たちのために十字架の上で彼らの罪を赦すために父なる神様に祈りました。悲痛の嘆きの中にも栄光を見ていたのです。どうして私をお見捨てになったのですかというめきのことばは、信頼をしている相手にだからこそ言えることばなのです。だからこそ、あなたが私の神ですとイエス様は告白するのです。

7月29日

「…主はあなたを見放さず、あなたを見捨てない。」 [申命31:6]

イエス様の嘆きの中に、信仰の誠実さがあるように感じます。イエス様の祈りは神様への確かな信頼のもとでの祈りだったと言えます。イエス様は最後まで父なる神様への信頼をもち続けていました。

そこには見捨てられたという思いではなく、愛の使命に立つイエス様の父なる神様への信頼があるのです。私たちもこの信頼関係の中に今、生かされているのです。

この信頼こそが信仰です。私たちに与えられている信仰です。

7月30日

この方こそ、私たちの罪のための、いや、…世全体の罪のための宥めのささげ物です。　[Iヨハネ2：2〜5]

十字架の上でイエス様は、苦しみの中にあるにもかかわらず、自分を罵る人たちのために祈りました。

次に、当時の世の中から外れていた犯罪者のために祈りました。そして母親のために祈られました。これが、十字架の愛。それは三位一体の神様のお互いに思い合う犠牲の愛であり、この地上で私たちに教えるために現してくださいました。それは、この愛の内に私たちが生かされ、この愛の力によって私を通して愛が世界へ放たれるためです。

7月31日

主があなたがたの心を導いて、 神の愛とキリストの忍耐に向けさせてくださいますように。

[IIテサロニケ3：5]

イエス様は神でもあるので、十字架の苦しみを通らなくても罪を赦すことができたはずです。でも、あえてそのできることをわきにおいて、十字架を引き受けてくれたのです。それは全て、私たちが三位一体の神様の犠牲の愛のうちに生かされるためなのです。歩きだしたかわいい赤ちゃんの手を離していても、全神経を集中して赤ちゃんを見守りながら待っている母親の姿のように、私たちを愛し、導いてくださる神様です。

8月

十字架上のことば 5-7

8月1日

「わたしは渇く」と言われた。　　[ヨハネ19：28]

長い金曜日の昼過ぎ。弱り果て、血まみれの体でイエス様は十字架の上にいます。そして、突然の三時間の暗闇が訪れ、太陽は光を失いました。群衆は当たり前ではないこの状態に驚きました。

もう希望は永遠に消えてしまうのかと群衆はぼう然と立ち尽くしていたことでしょう。十字架上で今にも息絶えそうなイエス様にみんなが注目しました。そして、苦しみの中でイエス様は全てが終わると知り、一言「わたしは渇く」と言われました。

【十字架上のイエスのことば第五】「わたしは渇く」（ヨハネ19：28）

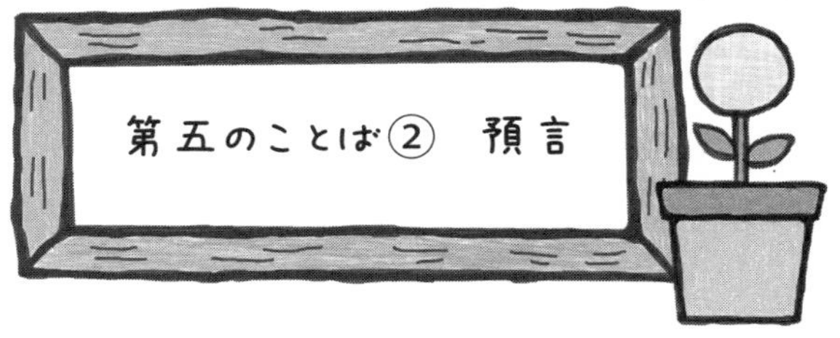

第五のことば② 預言

酸いぶどう酒を含んだ海綿をヒソプの枝に付けて、イエスの口もとに差し出した。[ヨハネ19：29]

イエス様が「渇く」と言われた時、ローマ兵がいちばん安いその当時の飲み物をスポンジに含ませ、イエス様の口にあてました。詩篇には、「土器のかけらのように乾ききり／舌は上あごに貼り付いています」(22：15) とあります。このことばは旧約聖書の預言が成就されるためにあります。この「渇く」ということばは失敗を意味するのではありません。イエス様は父なる神様を信頼し、人間が渇き切る暗闇までへりくだってくださったのです。

8月3日

主は…御顔を彼から隠すことなく　助けを叫び
求めたとき 聞いてくださった。[詩篇22：15～24]

詩篇の「土器のかけらのように乾ききり　舌は上あごに貼り付いています」(22：15)という嘆きのあとには、「主は 貧しい人の苦しみを蔑(さげす)まずいとわず　御顔(みかお)を彼から隠すことなく　助けを叫び求めたとき 聞いてくださった」(同24節)という箇所が続きます。イエス様の「渇く」という嘆きはいのちの水が無くなった嘆きではなく、渇きのあるところにいのちの水を運ぶための嘆きです。私たちの渇きと苦しみを体験してくれているイエス様の嘆きなのです。

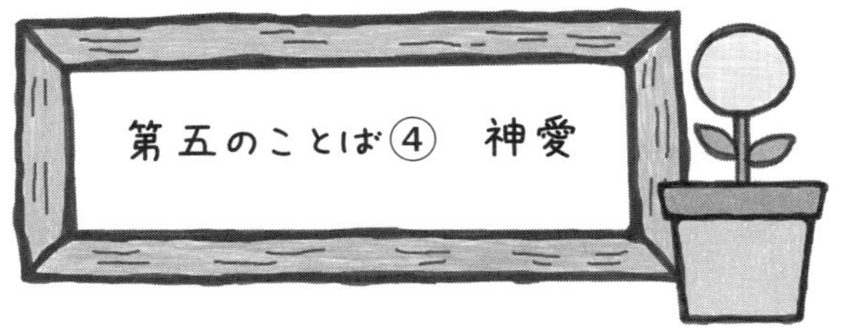

神 その道は完全。　[詩篇18：30]

渇きは絶望ではなく、そこに神の愛が注がれるのです。今までの人生の中で、道を見失ったことはないでしょうか。希望の光を見いだせなくなったこと、どうしていいかわからなくなったことはないでしょうか。この、渇くということばはそんな私たちに希望を与えてくれます。それは、どうして神様は私にこんな仕打ちをするのだろうと渇きを覚えるようなところにも、イエス様が共にいてくださることを私たちに教えるための愛だからです。

8月5日

すべての目はあなたを待ち望んでいます［詩篇145：14〜16］

私たちは絶望の暗闇の中で、出口や解決を求めがちですが、この「渇く」ということばは、主の静寂の中で目を閉じ、心の空白を感じながら、ただ主の光を待ち望むという姿勢を教えてくれます。すると、心が解き放たれ、どこからかやってくる光と遭遇します。それは、苦悩を超えて聞こえてくる希望です。「何もないところから始まるものがある」と十字架は教えてくれます。それはイエス様がへりくだり、渇きを体験してくださったゆえです。

8月6日

まことをもって主を呼び求める者すべてに　主は近くあられます。　[詩篇145：17～19]

私たちが葛藤の渇きの中にいる時、イエス様は私のそばにいてくださいます。そして共にその重荷を負ってくださいます。それはイエス様が痛みの道を通られたからです。私たちの苦しみは苦しみで終わらないことを教えてくれます。イエス様がご自分の使命を全(まっと)うしてくださったからです。私たちの苦しみの先には私たちの叫びを聞いてくださるイエス様がいます。渇きの苦しみを通して、そこにも神様がいることを教えてくれるのです。

8月7日

わたしを遣わした方は、わたしとともにおられます。

[ヨハネ8：29]

時に私たちが苦しみにあうとき、人を責め、自分を責め、そして社会を責めることしかできないものです。そんなときに静寂の中、十字架を見上げます。そうすると、「あなたの痛みはわたしの痛みだ」とイエス様がやさしく語りかけてくださいます。自分ではどうすることもできなかった痛み。イエス様は十字架の上で「わたしは渇く」と言って、痛みを共に背負ってくださいました。私たちの希望はいつも十字架の上にあるのです。

8月8日

痛みから始まる②

「誇る者は主を誇れ」と書いてあるとおりになるためです。　[Iコリント1：29～31]

自分たちに賜物や何かできることがあるから始めるものは、結果的に自分を誇りがちです。でも、自分たちにできることが何もなくても、痛みを共に背負ってくださるイエス様が共にいてくださるとき、私たちは主を誇ることができるのです。なぜなら、イエス様の十字架には力があり、そこには痛みからの奇跡があるからです。キリストが「渇く」と言われた、そのことばにより、キリストの愛が、一人ひとりの苦しみの中にあることを知るのです。

8月9日

痛みから始まる③

神の力によってキリストとともに生きるのです。

［IIコリント13：4］

痛みの中には「できなかった」という価値観があるので自分を責めている感じがしてしまいます。でも、自転車にうまく乗りたいから、何度も転んで乗れるように練習する子どものように、この「できない」というところから新たな希望が始まるのです。痛みは失敗ではなく、新たな可能性がその向こうにあることを覚えていきたいですね。イエス様が体験したその渇きの向こうには私たちへの痛むほどの犠牲の愛と救いがあることを感謝しましょう。

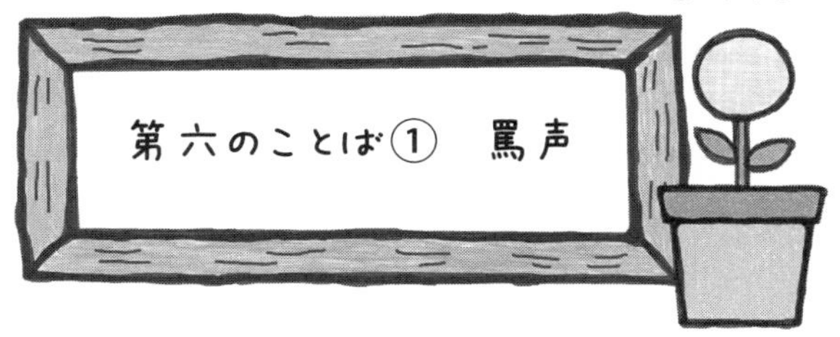

第六のことば① 罵声

イエスは酸いぶどう酒を受け取ると、「完了した」と言われた。 [ヨハネ19：30]

昼の12時から３時間の暗闇。群衆は驚き、恐れました。いつもと違う何かが起こっていることに気がつき始めました。群衆はイエス様を見上げ、もしかすると奇跡が起こるかもしれないと感じていました。しかしそこにあったのは、死を目前としたイエス様の姿でした。そんな中、イエス様は叫ばれます。「わたしは渇く」と。イエス様は群衆の罵声を浴びながらも自らの死へと進まれました。そしてイエス様は言われました。「完了した」。

【十字架上のイエスのことば第六】「完了した」（ヨハネ19：30）

8月11日

第六のことば② 完了

主はその御民(みたみ)を顧みて、贖(あがな)いをなし、救いの角を私たちのために…立てられた。[ルカ1：68～71]

「完了した」、ギリシア語では「テテレスタイ」という、たった一つの単語です。このことばは「何かを成し遂げる」「最後までやりとおす」という意味です。マラソンを走りぬいたとき、太平洋を横断し終わったとき、学校を卒業するときなどに使うことばです。このことばは何を意味しているのでしょうか。これはただ「私の人生はここで終了だ」と言っているのではありません。このことばは「私がこの地上でやるべきことを全てやり終えた」という意味です。

8月12日

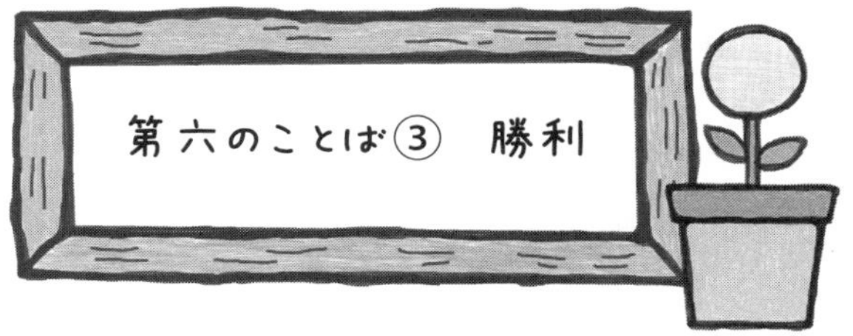

「『…捨てられた石、 それが要の石となった』 というのは、この方のことです。」　[使徒4：9～12]

この「完了した」ということばは完了形です。過去形だと「完了しました」となります。しかし、ギリシア語の完了形は「その時点から後もずっと影響する」ということを意味しますので、このことばは「完了しました。そしてこれからも完了し続ける」という意味になります。このことばは救い主の勝利の最後のことばです。イエス様が十字架で死んでくださったことによって私たちが赦(ゆる)され、神様から愛を受け取ることができるようになったのです。

8月13日

第六のことば④　御業（みわざ）

わたしの栄光を、彼らが見るためです。

[ヨハネ17：24〜26]

完了したということばで、イエス様を十字架につけた人間の思いあがりや、あざ笑う群衆たちの悪しき心が、ここで終わります。私たちの罪をすべてイエス様が背負ってくださる瞬間です。「完了した」という告白により、聖書の預言が成就され、イエス様が救い主であることをこの世は知ることになります。そして契約として主がいつも共にいてくださることを私たちにも教えてくださるのです。ここで大きな神の御業が成し遂げられたのです。

8月14日

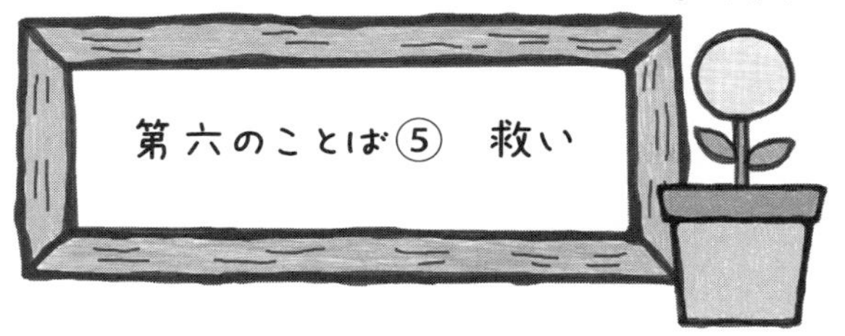

あなたは私に、いのちの道を知らせてくださいます。 [使徒2：27、28]

いったい十字架の上で何が完了したのでしょうか？　それはイエス様が父なる神様から送り出されたこの地上で私たちの贖いを完成し、私たちを神様の家族として神様の愛のうちに招くための、その道を完成してくださったということです。この境界線は人間には越せないものです。イエス様が私たちのために来てくださらなければ、成しえなかった道なのです。私たちへの救いは約2000年前のこの時に完成したのです。完成された救いを受け取るだけの私たちです。

8月15日

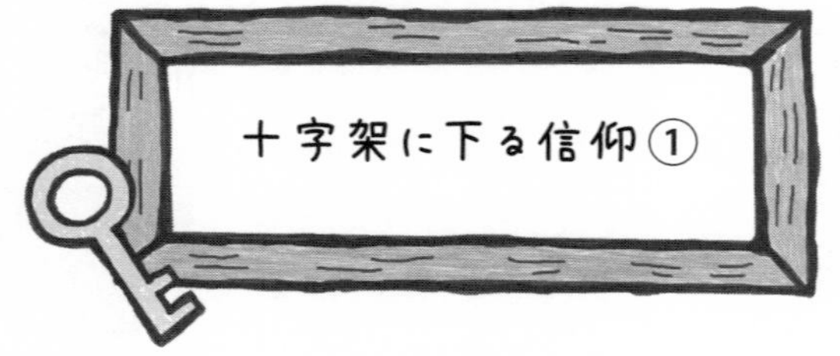

御子によって、御子のために万物を和解させること…を良しとしてくださったからです。[コロサイ1：19、20]

今こそ、罪人の頭として、十字架の前に罪赦された者として、進み出ましょう。それは、私たちの内にある罪が赦されるためだけではなく、罪人である私たちが神様の赦しの中に迎え入れられ、神様の愛のうちに買い戻されたことを受け取るためです。三位一体の神様は十字架の上で私たちをただ赦すのではなく、三位一体の神様のうちに迎え入れてくださるのです。これが十字架によって赦され、迎え入れられるという、二重の愛です。

8月16日

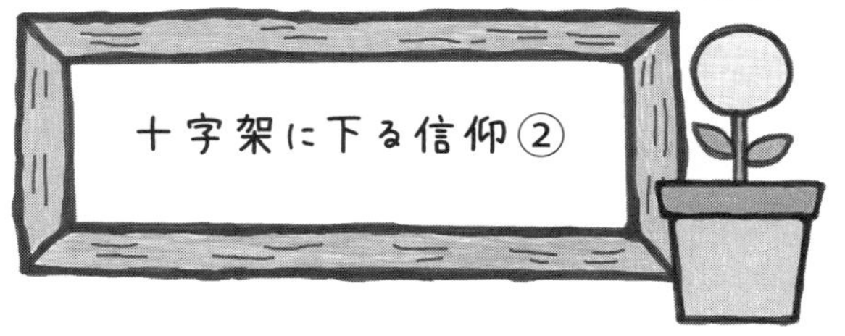

十字架に下る信仰②

私たちを暗闇の力から救い出して、 愛する御子の
ご支配の中に移してくださいました。 [コロサイ1：13]

十字架の二重の愛は赦され、迎え入れられる愛です。それは、赦しは赦されるためだけにあるのではなく、さらにその神の愛で、私たちを家族として迎え入れるためだということです。赦しを受け取るときに、赦されてよかったでは終わらないはずです。神様の愛がよくわからないような私たちも家族として永遠の絆（きずな）に迎えてくださるのですから、安堵（あんど）感よりも深く神様の愛を受け、心が痛くなるはずです。私たちはへりくだる必要があるのです。

8月17日

十字架に下る信仰③

神が御子を世に遣わされたのは、世をさばくためではなく、…世が救われるためである。 [ヨハネ3：17]

もし、隣に心に痛みを抱えている人がいるならば、あなたはその人の問題を解決しようとするのではなく、問題のただ中にも十字架の希望があることを伝えましょう。そして、その人を責めたりするのではなく、その人と共に十字架の希望を受け取るために十字架に進み出ましょう。問題が解決されることが本当の問題解決にはならないのです。私たちはそこに十字架を見上げる必要があります。ゆえに、私たちは十字架のもとにくだるのです。

あなたがわたしを世に遣わされたように、わたしも
彼らを世に遣わしました。　　[ヨハネ17：18～21]

「完了した」ということばは、私がただ赦され、満足して終わるのではなく、その愛を受け、その愛に生かされることを教えてくれます。それは、私たちが十字架の上で現された三位一体なる神様の愛へと迎え入れられ、その内にある赦しと召しを受け取ることです。イエス様はあなたに「私のもとに来なさい」と声をかけてくださっているのです。それは、赦しを与えることだけではなく、あなたを抱きしめ、あなたを遣わすためなのです。

8月19日

イエスは大声で叫ばれた。「父よ、わたしの霊をあなたの御手にゆだねます。」［ルカ23：45～47］

この出来事を見た百人隊長はこの人は正しい方であったと言ったと書かれています。でも、その正しさは全ての困難を乗り越えてではなく、神様に最後まで従う形で現されました。イエス様の勝利は世間的には蔑まれる王となることでした。支配者としてではなく、仕える者として、私たちの罪を背負い、愛を示してくださいました。つまり父なる神様に仕えるということによって、私たちのために神様への道を作ってくださったのです。

【十字架上のイエスのことば第七】「父よ、わたしの霊をあなたの御手にゆだねます」(ルカ23・46)

8月20日

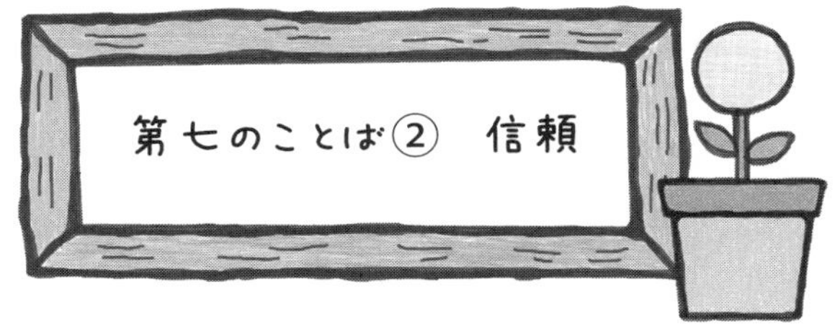

「父よ、時が来ました。…子の栄光を現してください。」
[ヨハネ17：1、2]

「父よ、わたしの霊をあなたの御手にゆだねます」ということばには深い意味があります。イエス様はここで再度、「父よ」と叫ばれます。十字架上の最初のことばでも「父よ」と叫ばれています。父なる神様との深い信頼関係が見えます。愛をもって自分を送り出した父なる神様への信頼です。イエス様は今自分が何を表しているのかご存じでした。自分の死が何をもたらすのかわかっていました。だからイエス様は父なる神様を信頼して叫ばれました。

8月21日

永遠のいのちとは、 唯一のまことの神であるあなたと…イエス・キリストを知ることです。[ヨハネ17:3]

私たちの人生には涙や痛み、時には、絶望があるものです。しかし、私たちの葛藤する場所に主はおられ、私たちの重荷を負ってくださるという約束が、この十字架の上で現されました。それは、途切れることのない、父なる神様と子なるイエス様との愛の関係がここにあることでわかります。この関係からあふれ流れてくる永遠のいのちへの水があります。私たちの心が渇ききったとき、私たちの心の奥底から生ける水が流れ出るようになるのです。

父が子を愛し、ご自分がすることをすべて、子にお示しになるからです。　[ヨハネ5：19、20]

次に「わたしの霊を」と叫ばれます。イエス様の全てを、父なる神様のもとへと帰されます。そして「御手に」と叫ばれます。父なる神様は愛する子イエス様を見て言うでしょう。よく帰った、そして本当によくやったと。迷っていた子羊が見つかった時のように、死んだと思っていたラザロが生き返った時のように、迷っていた息子が帰ってきた時のように、涙を流しながらイエス様を抱きしめることでしょう。私はおまえを誇りに思うと。

8月23日

第七のことば⑤　委任

あなたの重荷を主にゆだねよ。主があなたを支えてくださる。　[詩篇55：22]

イエス様は最後に「ゆだねます」と叫ばれます。ゆだねるというギリシア語は「安全な場所に置く」という意味です。イエス様は自分が成し遂げたとは言いません。全てを父なる神様へお返しになるのです。それは全てを信頼し、思いを受け取ってくれると知っているからです。私たちも神様に全てをゆだねることができます。苦しみや葛藤、呻(うめ)きさえも主はここに置きなさいと言ってくれます。私たちの全てを、いちばん安全な場所に置きましょう。

あなたがわたしに下さったみことばを、わたしが彼らに与えたからです。　[ヨハネ17:7～11]

イエス様は息を引き取られました。この十字架の苦しみを通して、父なる神様を信頼し、栄光を現しました。私たちの罪と苦しみを全て背負い、それでも愛をもって、死をもって、この最後を迎えてくださったのです。それは私たちがイエス様の愛のうちに生かされ、新しい者とされ、神様の愛を現していく者としてくださるためです。第7のことばでイエス様が父なる神様は全てをゆだねられる存在であることを私たちに教えてくれています。

真理によって彼らを聖別してください。

[ヨハネ17：12～17]

私たちの信仰生活は私の決心ではなく、イエス様のこの十字架の御業によって始まったのです。私たちは、自分の賜物や能力で人生を計るのではなく、イエス様の死を包み込む父なる神様の愛によって人生を始めるのです。それは、この十字架から、「痛みから始まるものがある」と教えられるからです。私たちの人生の指針はキリストの死にあります。それは、そこに私たちの人生のどん底から叫ぶ声を聞いてくれる神様がいてくれるからです。

罪赦された罪人①

人は律法の行いとは関わりなく、信仰によって義と認められる…。　[ローマ3：23～28]

私たちの罪がイエス様を十字架につけました。私たちはイエス様の愛を受ける価値があるでしょうか。今よりも“いい人”になったらこの愛を受けられるのでしょうか。この愛をもっと深く理解できたら受け取れるのでしょうか。もっと、自分の弱さがなくなったらと考えてしまいます。私たちはどうしたらと、人間の側にいろんな条件を探してしまいます。でも、イエス様は言われます。「ありのままのあなたで私のところに来なさい」と。

8月27日

罪赦された罪人②

一人の義の行為によってすべての人が義と認められ、いのちを与えられます。 [ローマ5：18]

「あなたはありのままの不敬虔な姿で、ストレートに神のみもとへ行きなさい。大したこともない自分の義をかざしてないで、全く不敬虔な、罪深い、失われた、破滅を招いているものとして、神のみもとへ行きなさい。そうすれば、神の恵みを見いだし、神は不敬虔な者を義と認めてくださることを知るでしょう。あなたは“注ぎかけの血”のもとに連れてこられた時、『罪を取り除く、神の小羊』であるイエス様と出会うのです」（ジョン・ウェスレー）

罪赦された罪人③

百人隊長は…言った。「この方は本当に神の子であった。」 [マルコ15：39]

イエス様が十字架に架(か)からなくてはならなかったのは、罪を赦せるのは神様だけで、人間には罪を自分の力で拭い取ることができないからです。それゆえに、イエス様は私たちの罪を背負い、十字架に架かりました。それは、三位一体なる神様の信頼とその犠牲の愛を私たちのいるこの地上で現し、その愛を教えるためでした。罪人である私たちを神様は招いているのです。十字架は問題を解決するためにあるのではなく、罪人への招きなのです。

8月29日

十字架の贖い①

死の苦しみのゆえに、 栄光と誉れの冠を受けられました。　[ヘブル2：9、10]

イエス様の十字架の上での叫びは父なる神様に届いていました。私たちの暗闇からの叫びも必ず神様は聞いてくれます。私たちのいちばんつらいところにも、イエス様は来てくださいます。あなたの重荷を共に背負ってくれます。そして、キリストの愛のうちにあなたを生かしてくださるのです。イエス様はあなたの問題を解決するためにいるのではなく、愛をもって、暗闇にいるあなたを包み込んで、痛みに寄り添い、希望を与えてくれるのです。

「…わたしはすべての人を自分のもとに引き寄せます。」　[ヨハネ12：32、33]

C・S・ルイス※は「復活の喜びはキリストが復活したことだけを喜ぶのではなく、キリストの復活の内に私たち人間の人間性も共にひきあげられ、天にあることを喜ぶことである」と言っています。イエス様は私たちの人間性を買い戻し、神様の愛の内に「本来の私」を見いだしてくれたのです。ここに私たちが神様との関係をもつ信仰の道の始まりがあります。地球上での私を完成するためではなく、神様から始まる私がここから始まるのです。

※C・S・ルイス（1898-1963)アイルランド系のイギリスの作家、信徒伝道者。小説『ナルニア国ものがたり』の著者として有名

8月31日

十字架の贖い③

私たちの国籍は天にあります。

[ピリピ3:20、21]

イエス様は私たち人間の罪を全て背負ってくださいました。それは、罪人である私たち自身を買い戻してくださったということです。イエス様は十字架の上で死なれ、三日目によみがえります。そして、よみがえった人の体のまま天に上り、父なる神様の右にお座りになりました。ここに希望があります。イエス様が人となり、そしてその姿で天に帰ることで、私たちの人間性も共にひきあげてくださったのです。それゆえ、私たちの国籍は天にあるのです。

9月
信仰生活
〜救いを受ける〜

9月1日

それは人としてのキリスト・
イエスです。　[Ⅰテモテ2:5]

神様と人間との間の仲介者は、唯一、キリスト・イエスただ一人です。イエス様は、自分の命をもってその架け橋となり、私たちが神様の愛のもとへと立ち返ることができるように、十字架にかかってくださいました。イエス様が父なる神様からの召しに従順に従い、苦しみを受けてくださったのは、全て私たちのためです。私たちの罪をその身に負われたのは、私たちが罪に死に、今度はイエス様を頼り、信頼して生きていくことができるためなのです。

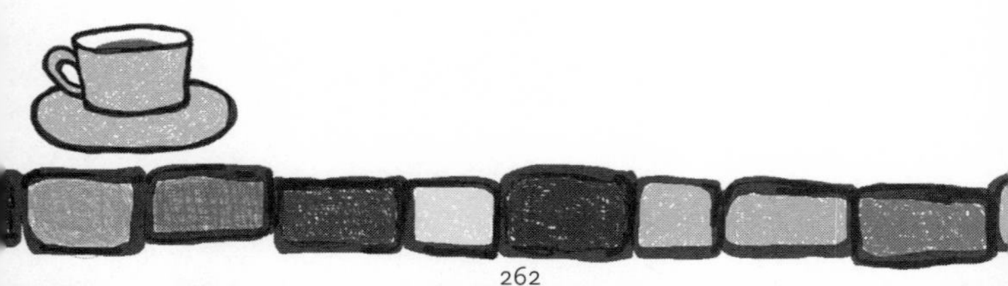

光を憎み、その行いが明るみに出されることを恐れて、光の方に来ない。

[ヨハネ3：20、21]

私たちは罪人でした。どうやっても自分から神様に立ち返ることができないのです。自分の力では私たちの心の奥にある自己中心的な思いから自分を解放することができないのです。どこかでまあいいやと諦めたり、自分を蔑み、どうしても内向きになってしまう自分の弱さが見え隠れします。イエス様は人間の弱さを直すのではなく、内向きさが十字架の愛によって外向きに変えられるように仲裁の掛け橋となってくださったのです。

9月3日

知恵に欠けている人がいるなら…与えてくださる神に求めなさい。

[ヤコブ1:5〜8]

人生を諦めていた私は、イエス様を信じ新しい人生を歩み始めましたが、当初実はうまく生きていけませんでした。でも、それから私が受け取ったのは、どうやって生きていったらいいのかわからなくても、それでも、イエス様が共にいてくれるという安心感と希望でした。聖書は先に人生の問題を解決する方法を教えるのではなく、まず神様が愛であることを教えます。こうしたらよいという答えではなく、新しい人生を受け取り続けましょう。

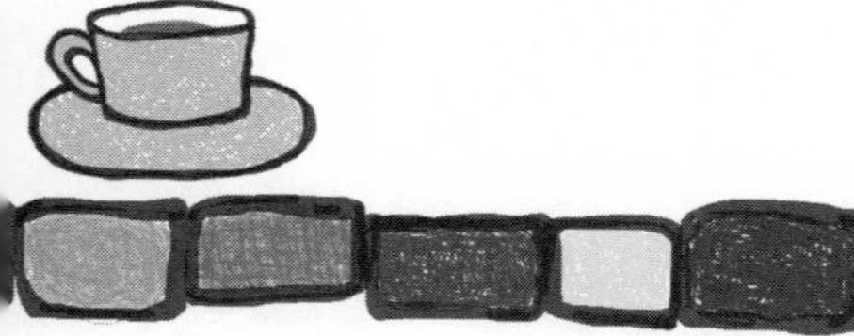

9月4日

イエスは…私たちのために、この新しい生ける道を開いてくださいました。

[ヘブル10：19〜22]

私たちは十字架によって赦(ゆる)され、自由が与えられました。それは、何でも自由にやりたいことができるということではなく、私たちはいつでも自由に主の恵みのうちに神様の道を選ぶことができるということです。それは聖霊の助けがそこにあるゆえの自由です。私たちだけの力ではどうにもなりません。自分のうちに弱さを見たときは、自分を責めるのではなく、聖霊の助けと共に神様の道を選ぶことができる自由を思い出す時なのです。

9月5日

神は私たちに、臆病の霊ではなく、力と愛と慎みの霊を与えてくださいました。　[IIテモテ1：7]

私たちの脳には三つの力があるといいます。やる力とやらない力、そして思い出す力です。生活の中でどうして決めたことがきちんとできないのかと自分の意思の弱さに落ち込むときがあります。それはこのやる力とやらない力の戦いゆえです。でも、もう一つの思い出す力があることを覚えましょう。この力は慎んで受け取る力です。自分にはできないけれども、神様が力を与えてくれるということを思い出し（信じ）、受け取り続けましょう。

9月6日

人とは何ものなのでしょう。あなたが心に留められるとは。　[詩篇8：4、5]

私たちのためにイエス様が十字架の上で死んでくださったことは、理解しようとしても理解できない神様の大きな犠牲の愛です。私たち主導の目を閉じなければ、理解できないことです。そのためには静かに目を閉じて、目に見えない神様との関係性を静かに見つめることです。そのために私たちが知らなければならないことは、父なる神様の計画は私たちの計画よりも偉大で、イエス様の愛は大きい愛で、私たちを包み込む愛だということです。

9月7日

神はキリストにあって、この世をご自分と和解させ、…和解のことばを私たちに委ねられました。

[IIコリント5：19]

長く友人が救われてほしいと願っていると、時につらくなります。それは救われていないという事実がそこにあるからです。その時は、信じたら救われるということを目指していて、今はそうではないということになり、苦しむのです。そこに不安が生まれます。でも、信じたら救われるということを信じるのではなく、イエス様が私たちの救いであるということを信じ、今もイエス様が友人を愛し、導いていることを覚え祈ることが大切です。

大きな叫び声と涙をもって祈りと願いをささげ、その敬虔のゆえに聞き入れられました。　[ヘブル5:7]

イエス様の十字架の上での積極的な姿勢は全て、父なる神様の御心（みこころ）を“受動的に”受け入れている姿です。

まず、イエス様ご自身の思いをわきに置き、へりくだり、父なる神様と聖霊なる神様の思いをしっかりと受け取るのです。そこには信頼があります。何があっても離れない、共に思いと召しを共有する関係がそこにあるのです。それは、どんなに暗闇を通っても崩れない関係です。唯一、暗闇を照らす一点の光がここから放たれるのです。

9月9日

ああ、 神の知恵と知識の富は、 なんと深いことでしょう。　[ローマ11：33]

私たちが私たちの理性や感情で神様を知り、経験するとき、私たちは神様の偉大な愛のごく一部しか体験していないのです。あなたのために用意している神様の計画はもっと大きな奇跡なのです。私がこう経験したから神様ってこういうお方だよと自分の経験の中に偉大な神様を小さくして押し込めるよりも、神様の愛を少しも理解していないということを謙遜に受け入れ、それでも私たちを愛してくださる偉大な神様を信じていきましょう。

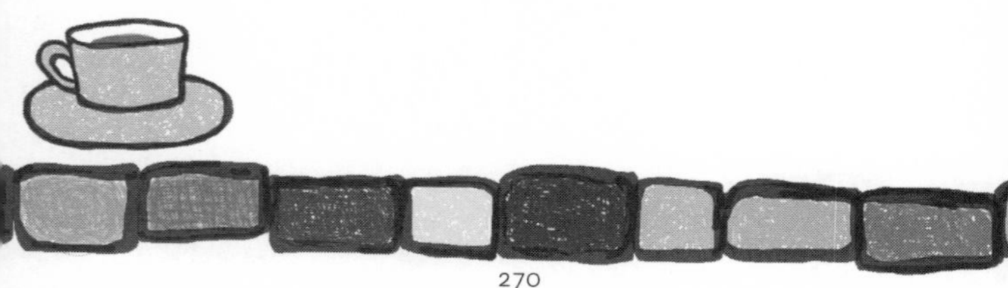

律法を行うことによってではなく、ただイエス・キリストを信じることによって義と認められると知って…。

[ガラテヤ2：16]

私たちの信仰の力を功績として救われるのではなく、イエス様の功績を受け取ることで救われる私たちです。イエス様が痛みと共に、全てを勝ち取ってくださったゆえの救いなのです。救いに値する何かを持つ手ではなく、空っぽの手を謙遜に信頼して差し伸べるとき、イエス様が全てを与えてくださるのです。私たちの外から来た私の救い、それはイエス様の十字架です。私がまだ罪人であった時に、私のためになされた神様の愛の御業なのです。

9月11日

あなたがたが救われたのは
恵みによるのです。

[エペソ2：4、5]

十字架の赦しは、私たちが悔い改める前に、受ける価値のない私たちへ届けられたイエス様の愛です。

「罪が赦されるということは、あなたの悔いた心でもなく、（それさえもあなた自身のものではありませんが）あなたの正しい行いでもなく、すなわち、あなたに属する何物でもなく、また聖霊によってあなたのうちになされる何物でもないのです。それは、あなたの外にあるもの、すなわちキリストの義と血のことです」（ジョン・ウェスレーの日誌より）

9月12日

自分のいのちを救おうと思う者はそれを失い、わたしのためにいのちを失う者はそれを見出すのです。

［マタイ16：24～26］

十字架の愛の赦しは、私の中にある罪が赦されるということではなく、罪人である私自身を赦すのです。それは、私が三位一体なる神様の家族に迎え入れられ、お互いを愛し合う愛の中に私が生かされるということです。私が赦されても、赦される前と同じ境遇にいるのであれば、苦悩はまた訪れます。でも、十字架の赦しは罪をもつ私をイエス様が買い取ってくださって、神様の愛が私の新しい居場所だと私を招き続けてくださる愛です。

9月13日

召された者たちにとっては、神の力、神の知恵であるキリストです。

[Iコリント1：23～25]

神であられたイエス様が無になって人となったとあります。この無はへりくだりを意味します。私たちの苦しみのあるところにイエス様自らが来てくださるのです。そこに父なる神様の愛をもってきてくれたのです。私たちが絶望する時、そこに十字架があるのです。そこには、死で終わるのではなく、神であり、人でもあられたイエス様にしかできない罪の贖(あがな)いと、愛を現すという奇跡があります。十字架こそが私たちの唯一の希望なのです。

私たちは一人ひとり、霊的な成長のため、益となることを図って隣人(となりびと)を喜ばせるべきです。［ローマ15:1〜6］

信仰とは、私の信じる力ではなく、神様から与えられているこの信頼関係を示すのです。決してあなたを見捨てず、いつもそばにいてくださる、それがインマヌエルの神様です。その愛を受けるときに私たちは、自分が赦されていることを知るだけで終わるのではなく、赦された私が神様の愛を証(あか)しするために召しを与えられ、主の助けと共に新しい歩みが始まるのです。私が受けるだけで終わらない、神様との信頼に立つ瞬間です。

9月15日

御子は神の栄光の輝き、また神の本質の完全な現れであり、その力あるみことばによって万物を保っておられます。 [ヘブル1:3]

どうして私たちはいつも十字架を見上げなくてはならないか？　それは、そこに神様の赦しと愛があるからです。もし、私たちを赦すだけだったら、神様ですから天から一言赦すと言えば、赦せたはずです。

しかし、父なる神様は自ら犠牲を払い、ひとり子であるイエス様をこの世に送ってくださいました。そこには赦し以上の愛の形があることを覚えなくてはならないのです。赦されたから愛されるのではなく、愛の中に赦しがあるのです。

9月16日

割礼を受けているか受けていないかは、大事なことではありません。大事なのは新しい創造です。

[ガラテヤ6：14、15]

イエス様は十字架の上で全ての救いの業(わざ)を完了しました。私たちはこの完成された救いを信頼し、受け取るだけで救われ、新しい人生が始まります。しかし、それならどうして救われた後にも私たちの内に多くの弱さがあるのだろうと思います。自分の弱さは消えないのだろうかと悩みます。でも、イエス様の教えはここで終わりません。神様の“自分をも注ぎだす愛”が私たちを日々導いて、そして私たち自身を作り変えてくださるのです。

9月17日

「キリスト・イエスは罪人を救うためにに世に来られた」ということばは真実であり…私はその罪人のかしらです。 [Iテモテ1：15]

バリスタの資格の勉強をしている時に、何グラムで何度でどんな豆を使うかと計算ばかりしていたらコーヒーがまずくなり、嫌いになりました。その時に妻がグラムも計らず適当に入れたものがとてもおいしく感じました。人の入れてあげようという気持ちが見えるとき、それがおいしくなるのです。私たちも、この罪やこの弱さをどうしたらなくせるのかと考えてばかりいると、救いがわからなくなります。まずはイエス様の愛を受け取りましょう。

9月18日

神は、すべての人が救われて、真理を知るようになることを望んでおられます。［Ⅰテモテ2：4］

ドラムをたたきたいけれど、勇気がなく長い間できなかった左半身不随の友人が楽しそうにドラムをたたいている姿を見たことがあります。彼は自分にはできない「理由」から、できない「結果」と決めつけていたのです。イエス様はできないという結果を解決するのではなく、できないと決めつけている心を優しく開き、私たちにも新しい結果を見せてくれる愛のあるお方です。できないという思いの向こう側にある救いを信頼していきましょう。

9月19日

ただイエス・キリストを信じることによって義と認められる…。　[ガラテヤ2：16]

イエス様の十字架の愛を受け、もうすでに認められているにもかかわらず、認められるために生きてしまう私たちです。赦しを受けているにもかかわらず、赦されるために何かをしなくてはと自分を責めてしまいます。自分の力でどうにかしようと、少しでもいい状態で神様の前に出ようと努力します。これらの行動は実は全て内向きなのです。私たちは内向きさからまず脱して、十字架の愛の外向きさを受け取ることが大切なのです。

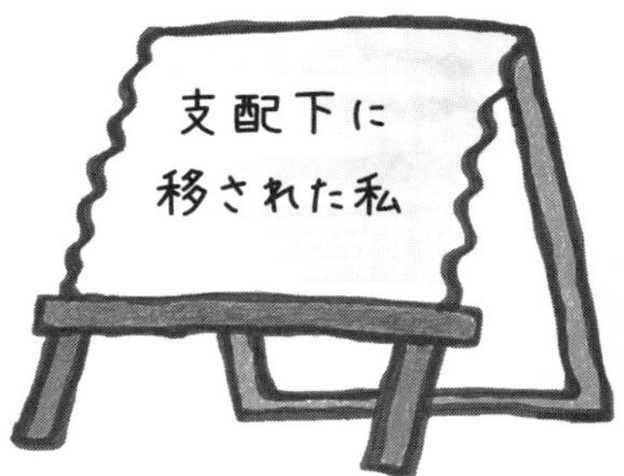

私たちは真実な方のうちに、その御子(みこ)イエス・キリストのうちにいるのです。

［Ⅰヨハネ5：19、20］

神様の恵みは力です。私たちは自分を赦せなくなるときもあります。そんなときこそ、神様があなたを赦しの中に、愛する御子の救いの支配の中に移してくださって（コロサイ1：13）いることを覚えましょう。十字架の救いの中であなたは新しくされているのです。たとえあなたの中に人を愛する愛がなくても、あなたがいる、神様の愛の支配下には、神様の愛があります。あなたは主からその愛を受け、痛みがあるところにその愛を流していくのです。

9月21日

信じる者がみな、人の子にあって永遠のいのちを持つためです。

［ヨハネ3：14、15］

私たちは神様の愛を思うとき、私を理解し、いつも一緒にいてくれるという体験的な部分はよく考えますが、その愛がどのような愛であるかということは、なかなか考えないかもしれません。しかし、神様の愛は父なる神様がひとり子であるイエス様を十字架に架かることを良しとして送る犠牲の愛です。私たちが神様の愛を体験するとき、このことを心に深く刻む必要があります。それだけの大きな愛によって私たちは愛されているのですから。

9月22日

みこころの良しとするところにしたがって、私たちをイエス・キリストによってご自分の子にしようと、愛をもってあらかじめ定めておられました。［エペソ1:4、5］

もし、人間が罪を犯したから、イエス様の十字架があると考えると、それは二次的なもので、罪があったから十字架がたてられたことになります。でも、三位一体なる神様の愛を私たちに現すために十字架があるとすると、イエス様は罪があったから来られたのではなく、私たちを愛してやまない、神様の愛ゆえに来られたことになります。罪が生まれる前の天地創造の時から十字架は神様の犠牲の愛の象徴としてなくてはならないのです。

9月23日

「…わたしの力は弱さのうちに完全に現れるからである」 [IIコリント12：9]

十字架の愛は赦しと犠牲の愛です。罪の中にいた私たちを神様の愛のうちに移してくださったのです。弱いそのままの私たちを救いに受け入れ（赦し）てくれたのは、弱いままでよいという意味ではなく、その弱さからイエス様の強さを表すためです。弱さを私たちが自分の力で無くそうとするのではなく、私たちが弱さを認め、主を信頼して、そこからイエス様が私を神様の形に作り変えようとし続けてくださる犠牲の愛を受け取ることです。

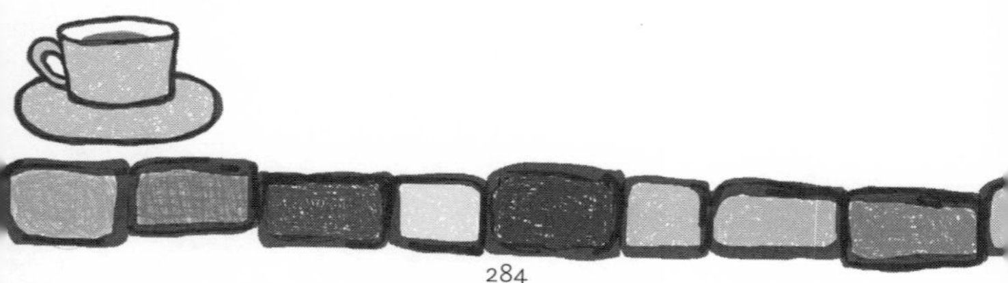

9月24日

私が弱いときにこそ、私は強いからです。

[IIコリント12：10]

イエス様の十字架を思うときに、「私が赦される」ことだけではなく、父なる神様がひとり子であるイエス様を、「その愛をこの地上で現すために」送ってくださったことを思います。そうすると、“私が”という自己中心的な視点から解き放たれ、私が父なる神様とイエス様の愛の関係のうちに迎え入れられていることを知ることができます。私に愛が無くても、神様から「自分を注ぎだす愛」を受けているゆえに、その愛に生きていけるのです。

9月25日

私たちの戦いの武器は…
神のために要塞を打ち倒
す力があるものです。

[IIコリント10：3、4]

真の十字架の赦しは、私の罪を赦すだけではなく、私自身の在り方を変えてくれます。

内側に向いてしまっている私たちの行動や目的を外側に向かせ、神様の愛を放つ者と変えてくださるのです。人や神様に認めてもらうための行動ではなく、"十字架から赦しと愛を受けることで湧き出てくる、神様の愛への応答としての私たちの行動"に変えられていくのです。私たちに愛が無くても、神様の愛があなたを突き動かし、愛を放つのです。

9月26日

主のみこころは彼によって
成し遂げられる。

［イザヤ53：9〜12］

ポストモダンの先にある現代は、“目に見えるところ”からキリストの十字架の贖いを見ています。十字架には罪の赦しと神様の愛の完成という二面がありますが、どうしても目に見える罪の赦しだけに焦点が集まります。それは、感情重視、私の体験、私の信仰といったことばで表現され、全てが「人間の側から見た十字架」なのです。現代に信仰者として生きる私たちには、「神様の側から見た十字架」を見つめる必要があります。

9月27日

聖霊による再生と刷新の洗いをもって、私たちを救ってくださいました。

［テトス3：4、5］

「人間の側から見た十字架」だけを見つめていると、私の罪が赦されることに焦点が当てられてしまいます。でも、その先に「神様の側から見た十字架」を見いだすならば、十字架の上に神様が犠牲の愛を現してくださったことを知ります。それは、私たちが聖霊の助けを通して、自分を捨て、神様の愛を証しする人生へと変えられていくためなのです。あなたの周りにも、この神様の犠牲の愛を今日も必要としている人がいるはずです。

9月28日

キリストも、あなたがたのために苦しみを受け、その足跡に従うようにと、あなたがたに模範を残された。

[Iペテロ2：21～25]

十字架に赦され、愛に生きるという二面性を見いだすときに、私たちは神様と共に生きる人生へと進むことができます。父なる神様に従ったイエス様の謙遜さは能動的なものであって、何もしないという姿勢ではありませんでした。私たちも意志をもって、謙遜に十字架の前に下りたいと思います。イエス様が泣いている人たちのそばに寄り添ったように、愛する神様に最後まで従ったように、意志をもって積極的にその愛に生きていきたいのです。

9月29日

あなたが与えてくださったわざを成し遂げて、わたしは地上であなたの栄光を現しました。 [ヨハネ17:4]

イエス様の十字架から流れ出る愛の姿には、父なる神様からの使命を受け入れ（受動的）、そして愛と意志をもって従う（積極的）という二つの側面があります。このイエス様の愛によって私たちは神の家族となれるのです。このイエス様の姿は私たちに「どうやってこの十字架を受け入れ」、「どうやって応答するのか」ということを教えてくれます。本当に神様から赦しの愛を受けたときには、私たちは外向きに変えられるはずなのです。

9月30日

種蒔(ま)く人に種と食べるためのパンを与えてくださる方は、…あなたがたの義の実を増し加えてくださいます。 [IIコリント9：10]

イエス様の十字架によって、自分を注ぎだす愛が、私たちに与えられました。イエス様の死は私たちの罪の赦しのためだけではなく、私たちがこの自分を注ぎだす愛を受けて、人のためにある自分へと変えられていくためです。苦しんでいる人のそばに寄り添い、悩む人と共に悩み、涙があるところで共に泣き、赦しをまだ受け取っていない人たちと共に神様の前に歩み出るためなのです。本当の赦しは、あなたが外向きになることなのです。

10月

信仰

〜聖めの恵みのある人生〜

10月1日

神様から始まる自分

神に喜ばれる、聖なる生きたささげ物として献げなさい。
[ローマ12：1]

神様が私たちを創造されました。私たちを神様の形に似せて創られるほどの愛を注いでくださったのです。本来の私たちは生まれ育った環境ではなく、神様から始まります。現代には、私たちが神様に生かされている存在であるということを見えなくさせるものがたくさんあります。もって生まれた罪を自分の力でなくさないと神様のもとへいけないように思わせるのです。しかし、聖なる神様は罪深い者を諦めず、招き続けてくださるお方です。

10月2日

何でも聞くことから

キリストにあって、建物の全体が組み合わされて成長し、主にある聖なる宮となります。　[エペソ2：21、22]

聖めの恵みある人生を生きることは、聖霊を信頼し、なんでも聖霊に聞きながら生活することです。何かを決めるとき、すぐに自分で決めるのではなく、間を置き、聖霊様ならどうしますか？と聞く祈りをします。すぐに答えはわかりません。でも、そのわからない空間が大切なのです。なぜならその空間をもつことが信仰であり、主を信頼する姿だからです。自分の欲しい答えを求めるのではなく、神様の声を聞くという生き方を学ぶのです。

10月3日

知れ。主こそ神。　　[詩篇100：3〜5]

自分の力で律法を守っていたパリサイ派の人たちにイエス様が伝えたかったことは、どうすれば聖められるかという視点ではなく、神様が人を愛しているという聖(きよ)めの恵みの視点でした。聖書をうまく人生を生きるための参考書としてしまうと、神様が愛であるということが見えなくなっていきます。どうしたら聖められるのかという方法論だけを受け取るのではなく、まず神様の愛を受け取り、神様と共に歩む人生へと変えられていきましょう。

10月4日

神の宮は聖なるものだからです。あなたがたは、その宮です。 [Iコリント3：16、17]

私たちは聖められたら神様のもとに居られるのではなく、聖い神様のもとに留まるゆえに聖められます。私たちはいつもまず聖なる神様のもとに留まることを求めるべきです。自分の内側を整理することを第一に、自分の力で自分を聖めようとするのではなく、まずは、聖なる神様の臨在のもとへ行き、あふれ出るその聖なる愛を受け取ることで、聖められる私たちなのです。それは、私たちがもっと神様の聖なる愛を実感し、その愛を表すためなのです。

10月5日

聖められることではなく

あなたがたを聖なる者、傷のない者、責められるところのない者として御前に立たせるためです。[コロサイ1：22]

自分の信仰が強められることばかりを求めてしまい、十字架にある愛を受け取ることを忘れていないでしょうか？　聖霊の満たしばかりを求めていたら、いつも聖霊様が自分と共にいてくださることがわからなくなります。聖められることばかりを求めていたら、イエス様が共にいることも見えなくなります。満たしや聖められることを求めるのではなく、満たし主であり、聖い神様を求める必要があります。その愛は十字架の上に完成されました。

10月6日

二重の恵み①　赦し

キリストは、私たちにとって神からの知恵、すなわち、義と聖と贖(あがな)いになられました。[Iコリント1:30]

キリストの十字架には①人間の罪の赦しと、そして②罪人を生まれ変わらせる新創造の力があります。私たちはまず、①罪の赦しを信仰によって受け取ります。これはイエス様が私たちのために（for）してくれたことです。それは、キリストの義が注がれ、私たちが家族として迎え入れられることです。十字架は、敬虔(けいけん)な者ではなく、不敬虔な者を義とされるのです。ここに新しい人生のスタート地点があります（#20ウェスレー説教より）。

10月7日

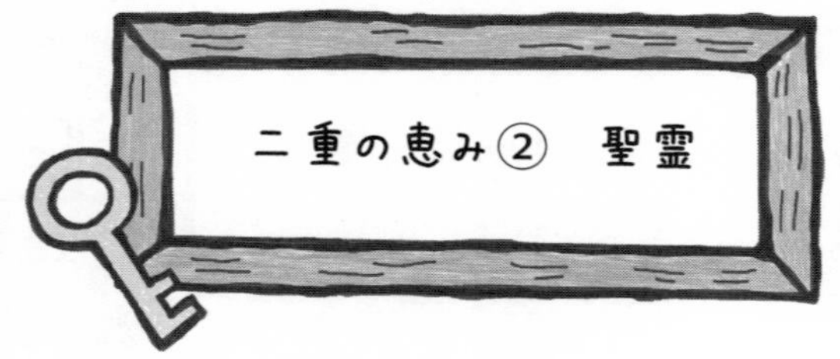

ただ、内側にあるものをきよめなさい。

[ルカ11：41（聖書 口語訳）]

次に、私たちの内側に②神の聖なる愛の関係が注がれます。今度は救いの恵みの中で生かされる私たちの内に（in）聖霊が働き、神様の聖さと従順が私たちの心に浸透するのです（新創造）。第二の恵みの人生は、与えられたキリストの義の土台の上に新しい私が信仰を通して建てられるということなのです。私たち自身の内側が十字架の新創造の力によって作り変えられていくという聖めの恵みある人生なのです（＃５ウェスレー説教より）。

聖めの人生の始まり

御霊による聖別と、真理に対する信仰によって、
…救いに選ばれたからです。　[IIテサロニケ2：13]

イエス様があなたをそのままの姿で迎えてくださったことは、そこから聖霊が助けてくださる人生が次に待っていることの証拠ではないでしょうか？　それはあなたに欠けや弱さがあるから、変わらない、だめだということではなく、次にある神様の恵みを体験してほしいゆえです。あなたの変化は、「もっとこうならなくては」という自己顕示欲的な思いから始まるのではありません。聖霊なる神様があなたに聖なる愛を教え、共に生きる生活なのです。

10月9日

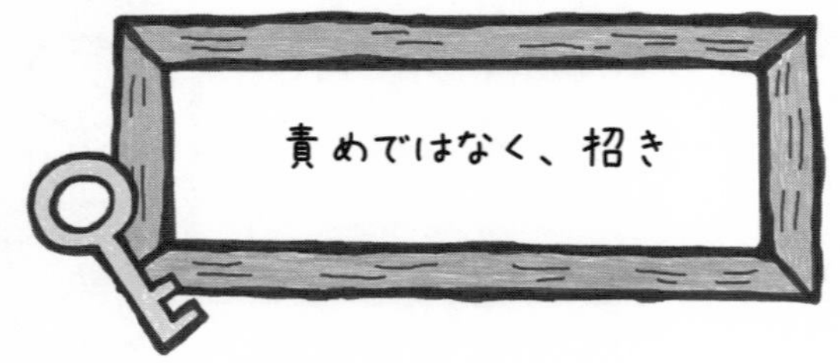

責めではなく、招き

私たちが贖われて神のものとされ、 神の栄光がほめたたえられるためです。 [エペソ1：14]

神様の前に出るときに、汚いままでは出にくいものです。それはやはり、私たちが神様は私を責めるのではないかと思ってしまうからです。実は、私たちは、自分の罪深さを自分では見ることができません。聖なる神様が光を照らさない限り、私たちは自分自身の本当の姿が見えないのです。聖霊なる神様があなたをもっと神様の御そばに近づかせるために、あなたの暗闇を照らし、変えられようとしているのです。それは招きであり、愛です。

罪ある心のために

イエスは…「わたしの心だ。きよくなれ」と言われた。 [マタイ8：2、3]

イエス様は私たちの心に罪が存在する（罪が支配し続けるという意味ではありません）からといって離れません。まったくその逆で、そんな罪深い私たちのためにこの地上に来てくださったのです。イエス様は医者を必要とする病人のところに来てくれたように、不敬虔な者を義と認めてくださいます。私たちは、自分で罪を無くしても聖なる神様に出会えません。聖なる神様と出会わなければ罪は無くならないのです（#13ウェスレー説教より）。

10月11日

罪に屈しないこと

委ねられた良いものを、私たちのうちに宿る聖霊によって守りなさい。 [IIテモテ1：14]

「人は、罪を自覚しても、神の好意のうちにとどまることができます。しかし、もし罪に屈してしまうなら、そうではありません」とウェスレーは言います。神様は私たちを責めるために罪を見せるのではなく、そこにも聖なる神様の愛の手が届くためです。内に罪があることを感じても、神の好意を失うことにはならず、肉の思いが"聖霊に逆らって願う"としても、私たちは依然として神の子どもでありえるのです（＃13ウェスレー説教より）。

神様に洗われる関係

神は…再生と刷新の洗いをもって、私たちを救ってくださいました。　[テトス3：5]

“神様によって洗われている”という意味で、私たちは新しく造られた者であると同時に古いものであることがありえるとウェスレーは言います。それは罪からの誘惑ではなく、罪の性質ゆえに神様がその性質を洗い続けてくださるということです。私たちは聖霊の力により、罪責と罪の力に打ち勝つことができますが、罪との戦いや葛藤はあるのです。だからこそ、へりくだり、主により頼んで生きることが大切なのです（＃13ウェスレー説教より）。

10月13日

真理に基づく義と聖をもって、 神にかたどり造られた新しい人を着ることでした。[エペソ4：22〜24]

イエス様と共に歩む人生の成功は上向きではなく、自分が下ることです。弱い部分を無くし、良い人になることではありません。自分の弱さをじっと見つめ、認めることです。

その時にイエス様はあなたを責めず、逆に愛をもって手を差し伸べてくださるお方です。イエス様があなたの弱さのうちに光を射してくださるのですから、私たちはそれを信じ、その手を握り、歩むのです。私のうちにイエス様が生きること、これが成長なのです。

10月14日

選びの民をご自分のものとしてきよめるため、…
ご自分を献げられたのです。　[テトス2：14]

実は「聖めの恵みある人生を“どうしたら”過ごせるのか」という悩みには落とし穴があります。それは、自分がどうしたらと悩んでいるときは、自分が主導権を握りがちで、心の中心には神様ではなく自分がいるからです。その思いさえも脇に置き、聖い神様が主導であなたに聖い愛を注がれることを信頼し、待ち望みましょう。どうやって迎えるかではなく、心の中心を空にするのです。そのために日常から離れて静かに祈る時をもちましょう。

10月15日

神の国は…聖霊による義と平和と喜びだからです。 [ローマ14：17]

私たちの欲求や理性はどうしても自己中心になりがちです。その思いや考えを心の中心に置き、イエス様に助けを求める姿勢からは、真実の愛は生まれません。

私たちは心の中心に三位一体の神様をお迎えする以外に愛を放つことができないのです。神様を喜ぶという喜びは、自分が何か得たとか、何かを成し遂げることができたという自己達成の喜びではなく、私の心の中心にイエス様が喜びとしていてくれることが真の喜びなのです。

10月16日

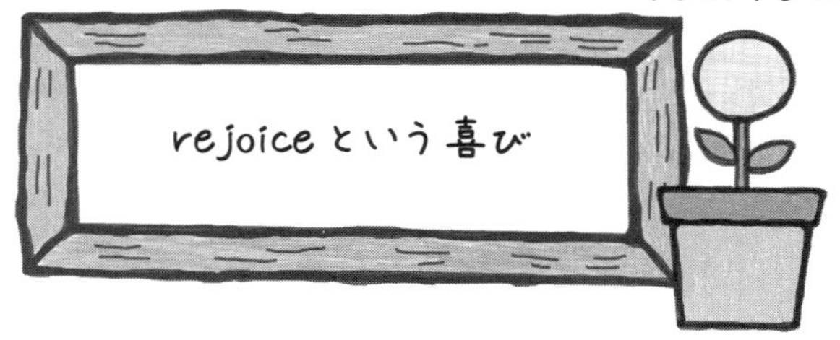

望みを抱いて喜び、 苦難に耐え、 ひたすら祈りなさい。 [ローマ12：12]

喜ぶ人生ではなく、神様が喜びである人生を歩みましょう。何も問題がないときに喜ぶのは簡単です。うまくいかないときに、失望して自分を責めるのではなく、神様が喜びであることを信頼できますように。

この喜びの語源は褒め称えるという意味です。この喜びは、喜べない私のところに神様が喜びとして来てくださる恵みなのです。父なる神様が信頼の基にイエス様を私たちのために贈ってくださったという犠牲の上にある喜びです。

10月17日

「あなたの神である主を礼拝しなさい。主にのみ仕えなさい」　[マタイ4：10]

悪魔がいちばん嫌がることは、私たちが“キリストだけ”に希望を置くことだとC・S・ルイスは彼の本の中で言います。人間がキリストだけにより頼むとき、最も力を得ることを悪魔は知っているからです。だから悪魔は人間にキリストと“もう一つ他のもの”に希望を置くことを勧めるというのです。キリストと成功。成功だけにキリストがいるのではありません。失敗しても、そこに超越した計画があり、神様は私たちを見捨てないことを信じましょう。

あなたの真理に私を導き 教えてください。

[詩篇25：4、5]

私たちがイエス様に示されて何かを始めたとき、最初はイエス様を信じる信仰によってできていても、途中から自分の考えや思いに支配されてしまうことがあります。「このほうがうまくいくかも」や、「こうすればもっと効果的」というような思いは私たちをイエス様の思いから引き離すことがよくあります。うまくいくことを目指すのではなく、主にある聖い計画が私を通して成し遂げられることを願い、祈り求めていきましょう。

10月19日

神も私たちのうちにとどまっておられることが分かります。 [Ⅰヨハネ4：13]

完全に救われた私たちを罪は支配することはできませんが、時として、私たちの内なる肉の性質により、攻撃してくることがあります。しかし、私たちは罪の支配からは移し出され、完全な聖なる神様の愛と守りの内にいます。聖霊様が私たちの中で生きて、力となってくださっているので、私たちの全ての目的は神様の愛になっているのです。罪を犯さないという目的ではなく、聖なる神様の愛による勝利を選んでいける私たちなのです。

10月20日

たましいを清め…きよい心で互いに熱く愛し合いなさい。 [Iペテロ1：22]

同じ行動でも自分から始まり、自分だけで決めた思いからの行動と、神様から与えられた思いに従う行動とでは、大きな違いがあります。自分の思いからする行動はどことなく自分中心で、自分の思いの達成を求めてしまいます。でも、神様から与えられた思いを素直に受け、そして、その思いに応答することから始まる行動には、自分の魂が広く解放され、聖められ、ある人を活かしたり、人を愛しながら共同作業ができるものです。

10月21日

結果主義からの解放

主の計画こそが実現する。　　　　　[箴言19：21]

聖めの恵みある人生とは、自分のできるできないという価値観からの解放です。何かするときに、うまくやろうとして失敗したり、落ち込んだり、御心じゃなかったのかと疑ったりしてしまいます。でも、聖霊に従う人生はこのところからの解放があります。もう行動の先の結果に左右されず、成功しても、失敗しても、全ては神様の御手の中にあることを知ります。たとえうまくいかなくても、そこに必ず神様の計画と愛があることを知るようになるのです。

10月22日

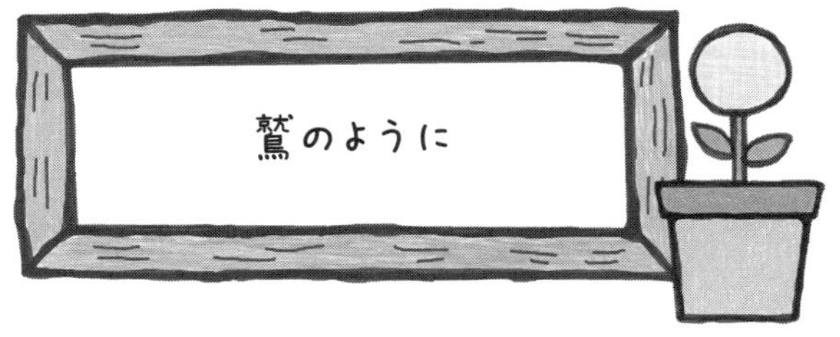

「私の避け所 私の砦　私が信頼する私の神」
と。　[詩篇91：2〜4]

鷲（わし）は空の上で10％のみ翼を羽ばたかせ、後は翼を広げ、上昇気流に身を任せていると言います。私たちも鷲が風を信頼しているように両手を委ね、神様を信頼していきたいですね。乱気流が来たときは、逆に翼をたたみ、体の下にしまいこんで身を任せるそうです。そんな時に、私たちは翼をバタバタさせ、どうにかして自分の力で抜け出そうとしますが、鷲のように、聖い神様だけを信頼して、もう一度身を任せることは大切な姿勢です。

10月23日

あなたがたはキリストのからだであって、一人ひとりはその部分です。　[Iコリント12：22〜27]

特に弱く見える部分が必要だと聖書に書いてあります。これは、この世の価値観ではありえないことです。この世では弱さは無くして強くなれると教えます。でも、これは神様の聖なる愛のうちに言える価値観です。それは、人間の弱さは神様の聖い愛が始まる入り口だからです。聖くなるというのは、自分で力強く問題を解決する生き方ではありません。聖められるほど、私にはキリストが必要であるということをへりくだり、知る道です。

比較からの解放

神の召しにより与えられる望みがどのようなものか…知ることができますように。　[エペソ1：17～19]

聖い愛に生かされるときに、私たちはこの世の価値観で自分や他者を評価しなくなります。神様が一つ一つの部分である私たちを大事にしていることを知るからです。隣の人と比較をして、自分はだめだと思うことから解放され、神様は一人ひとりが尊い存在で、私たちを必要としてくださっているということがわかります。聖い人生というのはあなたが聖く正しく生きる力をもつということではなく、聖い神様のみに全ての信頼を置くという人生です。

10月25日

主よ あなたは私を探り 知っておられます。

[詩篇 139：1～5]

全てを神様から始めるのであれば、私が思いをもつことが無意味に感じてしまうときがあります。でも、そうではありません。聖なる神様の愛の内に生かされるとき、神様はあなたの思いの内にも働き、あなたに気づきを与え、共にその重荷を背負ってくださるのです。そして、聖い神様の思いを受け取るところにあなたの思いがあるようになります。その思いを神様と共有していきながら、それに応えていく喜びがあるのです。

恵みの手段

自分自身のことを求めていて、イエス・キリストのことを求めてはいません。　[ピリピ2：21]

もし、祈りの中に自分の願いばかりがあるとしたら、神様からの恵みを受け取ることができなくなります。祈りは恵みの手段であるとウェスレーは言います。神様が恵みを人間に伝えるための管として与えてくださった手段なのです。聖めの恵みある人生を生きる者は、願う祈りではなく、受ける祈りをもちます。祈りの中にある自分の思いを解き放ち、空白を作ります。その空白を通して、神の量り知れない恵みを待ち望むのです。

10月27日

私が苦しみの中を歩いていても　あなたは私を
生かしてくださいます。　[詩篇138：7]

聖い愛に生きる者の行動は目的に向かうという行為ではなく、神様の愛を受けた、その応答となります。神様の愛を受け取るために何かしようとするのではなく、神様の愛を受けたゆえに、力を得て、応答するのです。神様に従うという行為が愛を受けるための条件としてあるならば、あなたはまだ神様を信頼していないのです。従うという行為は神様に愛されているゆえの、応答の行為なのです。全てが神様の愛から始まる行為となるのです。

10月28日

御霊ご自身が、…私たちが神の子どもであること
を証ししてくださいます。　[ローマ8：16]

聖くなるということは、自分の聖さを達成させることではありません。そうなると、もう達成したからイエス様の助けはいりませんという自己中心な虚無な聖さとなります。そうではなく、聖さとは、自分の罪深さをより深く受け取り、へりくだり、イエス様のもとへ行き、それらをゆだねていくことです。そうすると、自分ではなく、御霊みずから、私たちの霊と共に、私たちが神の子であることを証ししてくださる恵みを体験します。

10月29日

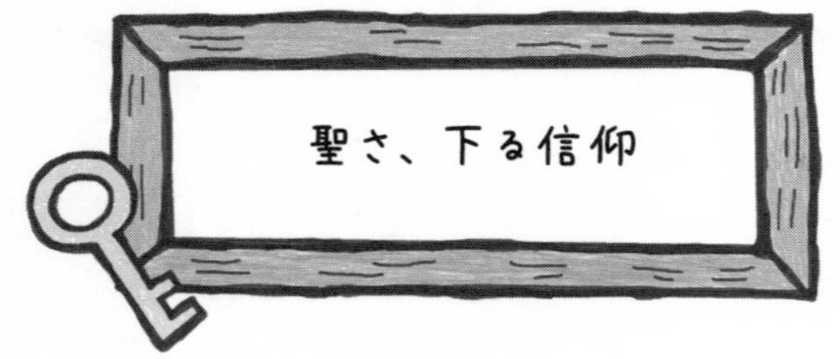

聖さ、下る信仰

「急いで…からだの不自由な人たち…をここに連れて来なさい。」 [ルカ14：16～24]

十字架は、三位一体なる神様が犠牲の愛を現すためにあることがわかると、「聖さ」とは、自分が聖く、力強く立つ姿に変わることではなく、へりくだって神様の聖なる愛を受け取り続けていくということだとわかってきます。私が罪無き、最強のスーパーヒーローに変えられるのではなく、罪赦された罪人である私が自己中心から解放され、自分のために生きるのではなく、聖霊の助けにより、人のために生きていくことを選択することです。

私たちが慰めを受けるとすれば、それもあなたがたの慰めのためです。　[IIコリント1：6]

他者に目を向けないと本当の自分が見えなくなるものです。聖めの恵みある人生は自分だけが天国に行ける人生ではなく、他者に向かう人生です。聖霊に導かれて生きる中で、罪により内向きになっていたベクトルが外向きに変えられていくのです。聖められるとは、私の内側が整頓されることではなく、言ってみれば、整頓されていなくても、私たちの人生の方向性が変えられることです。聖い人生は人のためにあるものなのです。

10月31日

キリストの苦難にあずかればあずかるほど、いっそう喜びなさい。 [Iペテロ4：13]

人間の内側が聖められるときは、聖められたという受け身ではなく、自身の内側に完全にキリストのヘセド※の犠牲の愛と恵みが生きるときです。自分の目標として聖められたという思いさえも無くなり、神様をほめたたえる喜びに満ちあふれ、魂に平安が広がります。祈りや奉仕などの全ての意義がその行動ではなく、神様の愛となります。自分の達成感を超えて、神様の愛を現すという外向きな思いと喜びで自分が突き動かされていくときです。

※ヘブル語のことば。ここでは神の人に対する愛や慈しみ

11月
信仰
〜主と共に歩む人生〜

できない
ところから
生まれる
ものもある

11月1日

わたしがあなたがたを愛したように、あなたがたも互いに愛し合いなさい。

[ヨハネ13：34]

イエス様は私があなたがたを愛したように、互いに愛し合いなさいとおっしゃいます。それは、社会的な善意の行為として、互いを大切にしなさいと言っているのではなく、イエス様のうちにある、「私自身をあなたにささげます」という、自分を注ぎだす愛を通して、「人のためにある自分」を見いだしなさいということです。愛し合うという行動を目指すのではなく、人間は神様の愛で、他者を愛していく存在であるという本質を教えています。

これは多くの人のために、罪の赦(ゆる)しのために流される、わたしの契約の血です。　［マタイ26：26〜28］

キリストの十字架を、イエス様が苦しみを背負ってくれたから、私たちはもう苦しまなくていいと理解するのは自己中心的ですね。今の時代は、いつもはうっとうしい、必要なときにだけ愛してくれる愛がちょうどいいと言いますが、十字架の愛はちょうどよくない愛です。“とても”大きな愛。“やっぱり”私をあきらめない愛。“それでも”あなたを見捨てない愛です。この愛を受け取る時には、心が痛く、苦しくなるものです。それがイエス様の愛です。

11月3日

自分のことだけでなく、ほかの人のことも顧みなさい。 [ピリピ2：4]

イエス様は自分を低くし、私たちのところに来てくださいました。イエス様の愛はできることをするという愛ではなく、自分自身を低くし、相手のために自分を差し出す愛です。今日の聖句の古いギリシア語には「だけ」ということばがありません。この聖句の真意は「自分のことではなく、他の人を顧みなさい」ということです。余った自分の力で人を思いなさいというのではなく、人の痛みを引き受け、自分を低くしなさいと教えているのです。

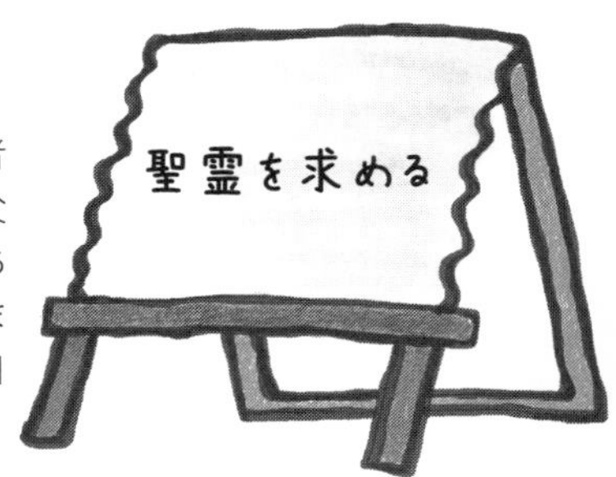

「…求める者は手に入れ、探す者は見出し、たたく者には開かれます…天の父はご自分に求める者たちに聖霊を与えてくださいます。」　［ルカ11：10～13］

求め、探し、たたく、というこの聖句は、人間が欲しいと願うものを神様に必死に祈れば与えてくれるということを意味しているわけではありません。この箇所を読み進めていくと、神様はよいものを与え、そして聖霊を与えてくださるといいます。ということは、欲しいものを握りしめて離さないという姿勢ではなく、欲しいものさえも神様に手渡し、神様を信頼する時に、全てをよきにしてくださる聖霊を与えてくださるという約束です。

11月5日

大切なのは、植える者でも水を注ぐ者でもなく、成長させてくださる神です。

[Iコリント3：6、7]

できることをしていたら、できることはできるようになるのですが、できないことができなくなります。そうすると、失敗に意味を見いだせなくなり、成功だけを望むようになります。でも、神様は時として、失敗をも伝道のために用いてくださいます。失敗を通して、人の痛みがわかるからです。失敗したから、その重さやつらさがわかるのです。〝できた〟では伝わらないことがあります。あなたの失敗は人に寄り添うための失敗なのかもしれません。

「…だれでも自分を高くする者は低くされ、自分を低くする者は高くされるのです。」　[ルカ18：10～14]

努力と精一杯は違います。努力は自分から始まり、その先でうまくできたかと人と比較してしまいます。自分は努力してあの人よりも大丈夫だと祈るパリサイ人の祈りのようです。でも、精一杯というのは、こんな欠けだらけの自分でも主が用いてくださることを信じて、精一杯生きることです。取税人が天も見上げられない、手も合わせられないくらいの時に、胸をたたきながら、「主よ、私をあわれんでください」と祈った祈りにあるものです。

11月7日

「…わたしを信じる者は、聖書が言っているとおり、その人の心の奥底から、生ける水の川が流れ出るようになります。」

[ヨハネ7：38]

聖書を読んだから、祈ったから、奉仕をしたから神様との関係が深くなるのではないのです。神様については知ることができるでしょう。でも、頭で理解するのではなく、素直に心を空にして、イエス様を迎えなければ本当の意味でイエス様との深い関係をもつことはできないのです。神様を心で知るとは、私が神様を知るのではなく、神様が私を知っていてくださるということを私が知ることです。その時、心にいのちの泉が湧き出るのです。

11月8日

「医者を必要とするのは、丈夫な人ではなく病人です。…」　[マタイ9：9〜12]

マタイは、同胞のユダヤ人からは罪人扱いされていて、孤独だったと思います。そんな彼にイエス様は「わたしについて来なさい」と声をかけました。すぐに立ち上がり従ったマタイには後ろを振り向くこともないほどの絶望があったのだと思います。その苦しみをイエス様は引き受けてくれたのです。医者を必要とするのは、丈夫な人ではなく、病人ですということばは、イエス様の懐の広さを表しています。罪を悔い改める心はとても大切です。

11月9日

「…わたしが来たのは、正しい人を招くためではなく、罪人を招くためです。」 [マタイ9：13]

いけにえはパリサイ人の律法的な思いの伴わない行為のことです。イエス様が喜びとするのは、真実の愛です。これはヘセド、犠牲の愛、そして神様のあわれみです。自分が正しいと思っていることをすることが愛を表すとは限らないのです。自分の正しさを主張するのではなく、相手のために自分を空にするのがこの真実の愛です。そのためにイエス様は罪人にこの愛を教えるために悔い改め(repentance)へと招いているのです。

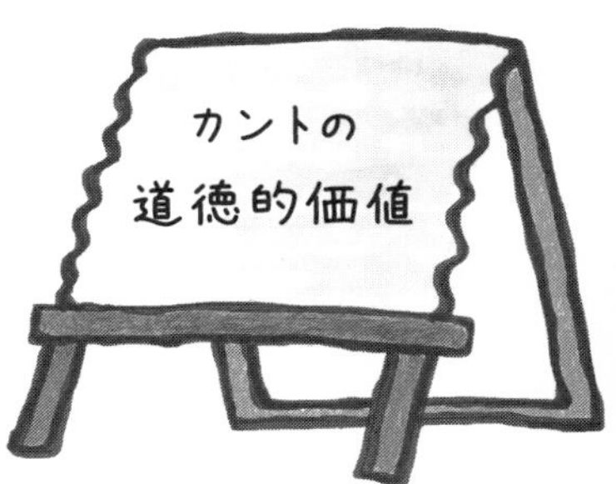

「…私たちは幸いを神から受けるのだから、わざわいも受けるべきではないか。」 [ヨブ2：10]

私たちは何かできることはないかと考えます。でも、できることをしても愛は生まれないものです。哲学者カントによると、全てを失った時に始まる親切に道徳的価値があり、できることをしても道徳的価値はないと言います。※それはヨブが主に全てを取られても、主を愛したように、できないところから主を信頼していくことから、私たちは神様の愛を表せるのです。できることからではなく、神様を信頼することから始めましょう。

※『カントの人間学』中島義道

11月11日

「…わたしのもとに来る者を、わたしは決して外に追い出したりはしません。」

[ヨハネ6：35～37]

あるタレントが東日本大震災で約２万人が亡くなったのではなく、一人の人が亡くなった悲劇が２万件あると理解しないと本当の意味で震災を受け止められないと言っていました。もっとも小さなものにしたのは私にしたのですというみことばを信じ、一人の人に寄り添う勇気が必要です。徹底的にその人に寄り添い、相手の居場所となることで福音は伝わるのです。あなたが迷い、孤独な時、必ず神様はあなたを見つけてくださるお方です。

11月12日

私たちにではなく 主よ 私たちにではなく ただあなたの御名(みな)に 栄光を帰(き)してください。

［詩篇115：1］

私たちの信仰を現す行動はへりくだりしかありません。私たちはうまくいくことを信仰面においても求めてしまったりします。でも、信仰生活に成功も失敗もありません。たとえ失敗しても、それでも神様は助けてくださることを信頼することです。上に向かう道ではなく、私たちがへりくだり、その底辺に神様を見いだすことができるならば、そこには確かな信仰があります。それはイエス様が私のもとに天から下られてきたことを知るゆえです。

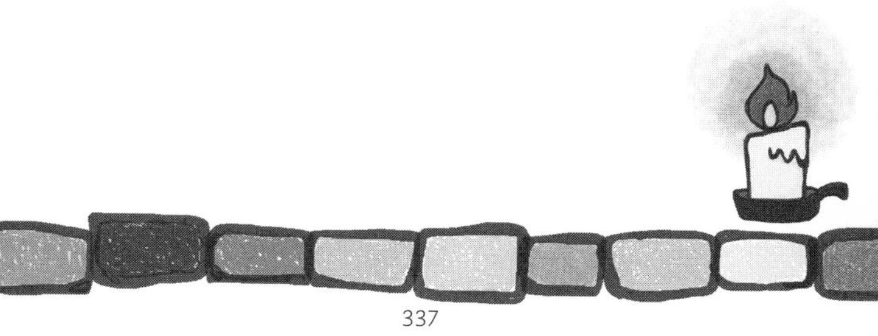

11月13日

御霊（みたま）によって歩みなさい。そうすれば、肉の欲望を満たすことは決してありません。　［ガラテヤ5：16］

信仰生活の中でちょっとしたずれというものがあります。たとえば、聖書を読むときに、自分の人生の目標を達成させる手段を探していたり、自分の決断の正しさを保証するための聖句を求めたりしてしまうのです。それは、神様ご自身ではなく、自分の成功や安心を第一に求めている姿です。そうすると、神様が見えなくなってしまい、余計に苦しむことになります。何かを求めるという姿勢は自分の欲求から始まっていることが多いものです。

11月14日

私の主であるキリスト・イエスを知っていることのすばらしさのゆえに、 私はすべてを損と思っています。

[ピリピ3：7、8]

信仰において、いちばん大切なのは、主の十字架の前に「罪赦された罪人」として下る謙遜さです。イエス様は罪人の罪を赦すために十字架にかかってくださいました。その赦しを受けるために、自分で義をたてる姿勢ではなく、自分のどこかの部分に誇りをもってではなく、罪を赦されないと何もできない自分として、へりくだり、主の十字架の前に下りましょう。そこで、あなたは救い主である主イエス・キリストと必ず出会うのですから。

11月15日

「心の貧しい者は幸いです。天の御国(みくに)はその人たちのものだからです。…」

[マタイ5：3]

やりたいことができることが自由ではないのです。本当の自由は実体から解放されることだとレヴィナスは定義しました。心を主に明け渡す時、本当の自由があります。聖なる心じゃなくて、砕かれた心を。苦しみがない心じゃなくて、葛藤がある心を。確かな信仰ではなくて、ゆらいでしまう不信仰な心を主に差し出しましょう。その先には、弱さを互いに非難し合うのではなく、お互いを認め合い、助け合う自由が生まれていくはずです。

11月16日

あなたにとっては 闇も暗く
なく　夜は昼のように明る
いのです。　暗闇も光も
同じことです。

［詩篇139：11、12］

私たちは祈りの中で、助けてほしいと祈ります。やっていることがうまくいくようにと、私の計画の中に神様を見いだそうとします。それは、信仰で困難を解決しようとしているわけですが、ユダヤ人は少し違う視点をもっています。ユダヤ人は困難のただ中にあっても神様を神様とできることが信仰と考えます。そして、神様の計画のうちに自分があるようにと祈るのです。イエス様も十字架の上で同じように祈っていたはずです。

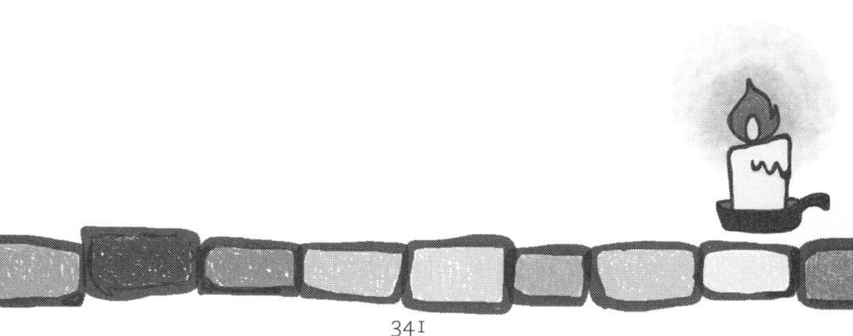

11月17日

主は私の光 私の救い。だれを私は恐れよう。

［詩篇 27：1］

日本には明日に向かって歩こうというキャッチフレーズがあるように、私たちは未来を向き、未来に希望を置きます。でもユダヤ人は明日ではなく、過去に希望を見いだすので、後ろ向きに前に進みます。それは、イスラエルの民がどんなに道を外れても、何度も神様はイスラエルの民を救い、神様の希望を与えた歴史が過去にあり、そこにこそ、神様の希望を見いだすからです。イエス様も詩篇を読みながら、過去に希望を見いだしていたのです。

父祖たちに与えられた約束を確証するためであり、…神をあがめるようになるためです。　[ローマ15：8]

ユダヤ人の後ろに希望をおく人生の歩み方は、今をしっかり受け取って生きていける人生観です。

実は、未来を向いて歩む人生観は人を不安にさせます。うまくいかないんじゃないか、今の自分では不十分なのではないかと考えてしまうからです。でも、過去から希望を見いだすことができたら、それは今のあなたを肯定してくれる希望になります。過去に働く神様は今も共にあなたとおられる。これがインマヌエルの神様からの希望です。

11月19日

信仰によって、彼は王の憤りを恐れることなく、エジプトを立ち去りました。目に見えない方を見ているようにして、忍び通したのです。　[ヘブル11：26、27]

自分で理解できる動機や理由が見えないと神様に従えないのであれば、大切なことが見えず、神様以外の正義、常識、倫理観からそれを見いだそうとしてしまいます。神様は見えないお方です。神様からくる答えはゴールにしかありません。出発には理解できる理由はないものです。どうなるかわからなくても、神様がそこにいてくださるゆえに、信頼をもって歩みだす。それが信仰なのです。理解できたから従うのは信仰ではありません。

11月20日

キリストを信じることによって、信じるすべての人に与えられる神の義です。

[ローマ3：22]

キリストの義を受け取る時に、必要なのは私の信仰の力ではありません。ここにあるキリストを信じる信仰とは、ギリシア語だと、キリストの信仰を表します。まず、イエス様が私に信仰を与えてくれるというのです。そして、その信仰を通して、神様の義が与えられるという約束が書かれています。私たちが義を受け取る時に必要なのは、伝道経験や信仰的努力ではなく、神様が与えてくれるイエス様の信仰を受け取る、明け渡した素直な心です。

11月21日

「…彼らが罪の赦しを得て、聖なるものとされた人々とともに相続にあずかるためである。」

[使徒26：18]

今の世の中にあふれている苦しみと悲しみを現実としてみたときに、神様は平等だという事実を見いだすことができるでしょうか？　それは十字架の赦しにあって見いだすことができます。イエス様の赦しは私たちがまだ罪人であるときに完成したみわざです。全罪人のために死んでくださった、これがイエス様の愛です。それは全ての人へ送られた赦しという愛なのです。イエス様の十字架の愛は平等です。その愛を世界に伝えていきましょう。

11月22日

真理を行う者は、その行いが神にあってなされたことが明らかになるように、光の方に来る。

[ヨハネ3：21]

この聖句に出てくる、「来る」ということばはギリシア語の特別な中動態動詞で、「主語が過程の内にあること※」を表します。それは、主語である、真理を行っている者がただ光に来たという行動ではなく、来て、そこに居るという過程の中に光である神様との深い関係があることを示しています。神様は、私たちがしたことだけを喜ぶのではなく、私たちの重荷を共に背負い、私たちの存在をいなくてはならない存在と喜んでくださるのです。

※『中動態の世界』國分功一郎

11月23日

互いに親切にし、優しい心で赦し合いなさい。
［エペソ4：32］

聖書のいう互いに赦し合いなさいという教えは、道徳的な行動についての教えではありません。今日の箇所に出てくる「赦し」は特別なことば（中動態）で、行動ではなく、行動の中に神様がいてくださることを表します。私たちが互いに赦し合う時、そこには神様も私たちと共にいてくださるとの約束なのです。赦し合う時、人を赦すことが目的ではなく、互いに赦し合う関係を見いだすのです。それはイエス様がそこにいてくださるからできるのです。

11月24日

私のたましいよ 黙って ただ
神を待ち望め。

[詩篇62:5]

私たちはいつも神様を愛するべきです。祈りが聞かれなくても、愛せなくても、弱くても、そうするべきです。でも、目に見えるところを見ているとできなくなります。祈りが聞かれない、答えが見つからないと神様の不在が目につくからです。そんなときは、目を閉じて、心の目を開いて目の前の物事の奥を見つめましょう。自分の思った答えはなくても、そこには、あなたのために命を投げ捨ててくださったキリストがいることがわかるのです。

11月25日

「ここに私がおります。私を遣わしてください。」
[イザヤ6:6〜8]

「人のために何かをしたい」という思いは健全なように感じますが、しかし、成し遂げることを目的とするこの時代にあっては、その思いこそが、もし人に受け入れられなかったらどうしようと、不安を生んでいるように感じます。私が人のために何かできることを望むのではなく、神様が愛のない私を通して、その人のために私を用いてくださるようにと願う祈りをしましょう。イエス様の自分を差し出す愛だけが人のためにある愛です。

あなたがたもわたしのくびきを負って、わたしから学びなさい。そうすれば、たましいに安らぎを得ます。

[マタイ11：29]

自分のために人を助けるのは愛ではありません。同じように、イエス様を愛する時、そこに自分のための何かがあれば、本当の意味でイエス様を愛してはいないのです。イエス様を愛するためにイエス様を愛することは大切です。ピリピ人への手紙の４章に出てくる「協力者」と訳されているギリシア語の単語は、「くびき」ということばと「共に」ということばでできています。真実な協力者とは相手のために共にくびきを負う人のことです。

11月27日

「あなたは心を尽くし、いのちを尽くし、知性を尽くして、あなたの神、主を愛しなさい。」

[マタイ22：37～40]

もし、人を赦すために十字架が心にあるなら、それは少し間違っているかもしれません。人を赦すことを求めていることで、私たちは人を赦せなくて自分を責めてしまいます。

「人がいつも何かを濫(みだ)りがましく追求するときに不安が生じる」と、トマス・ア・ケンピスは言います。

私たちは赦せる力ではなく、ただ、キリストの赦しを、イエス様の愛として受け取ることが必要です。その愛を受け取った時、私たちは人を赦せるようになるのです。

11月28日

イエスは彼に言われた。「わたしの羊を飼いなさい。…」　［ヨハネ21：17］

何度努力しても同じ過ちを繰り返してしまう時、自分はもう赦しの中にいないのかと思ってしまいますが、神の御名によって心から神を信じる時、いつであっても、その時以前の全ての罪は消え去るとウェスレーは言います。また、「信仰は私たちの魂を照らす神の光」※だとも。たとえ私たちの信じる力が無くなりそうになっても、必ず私たちの魂を照らし続けてくださるというキリストの信仰の上に私たちは立っているのです。

※＃8ウェスレー説教

11月29日

深い淵から私はあなたを呼び求めます。

［詩篇130：1～6］

人生の問題や自分の弱さを目の前にすると、解決されない状況に不安になり、神様が離れてしまったと勘違いしてしまうときがあります。どうしてそうなってしまうかというと、それは、私たちが十字架ではなく、解決を求めているからです。十字架が立てられたのは、カルバリの丘で、ある意味、問題のただ中です。イエス様は離れたのではなく、あなたのそばで静かに、あなたを守ってくださっています。深い淵にあっても、主を待ち望みましょう。

11月30日

聖霊の力によって希望にあふれさせてくださいますように。 [ローマ15：13]

「神様の愛の内に生かされている」ことを覚えるのが信仰です。これが私たちの信仰生活の唯一の目的です。どんなときでもその状況は神様の愛の内にあることを覚えましょう。そうすると葛藤を見る視点が変わるはずです。苦しみや葛藤がなくなることを願うのではなく、その葛藤の向こうに神様がいることを知ることができます。信仰が弱くなるのは信仰が弱くなることを通して神様が私たちに信仰を与え続けてくださることを知るためなのです。

12月
父なる神
〜クリスマスは大いなる計画〜

12月1日

父なる神様の思い

ひとりのみどりごが私たちのために生まれる。
[イザヤ9：6、7]

クリスマスはキリストの誕生の日ですが、その背景には、父なる神様が大切なひとり子をこの地上に送ることをよしとされた、私たちへの犠牲の愛があります。イエス様が人となり、私たちの救いのためにこの地上に来られました。それはこの地上に三位一体なる神様の愛を現すためでした。父なる神様は神様ですから、イエス様が33年半後にどうなるかを知りつつも、大切なわが子を送り、自らが犠牲を払い、この世に一点の光を照らしました。

彼は主の前に、ひこばえ※のように生え出た。

［イザヤ53：1、2］

この時代の人たちは力や権力のある王様を望んでいましたが、乳飲み子が生まれます。彼らの目には希望としては映りませんでした。人々はこの赤ん坊がどうしてメシアなのかわかりませんでした。私たちもその場にいたら、その希望が見えなかったかもしれません。イエス様は問題を敏速に解決するためではなく、問題のただ中に輝く希望の光として、また、この世の喜びとして生まれました。解決ではなく、寄り添うために来られました。

※「木の脇芽」の意。直訳「乳飲み子」

12月3日

彼は私たちの背きのために刺され、 私たちの咎のために砕かれたのだ。 [イザヤ53：3〜6]

自分の意志だけを信じていると、これが正解だと思っていること以外の違う方法を受け入れられなくなるものです。心理学者エーリッヒ・フロムがこの意志を悪性のナルシシズムと言っています※。私たちの信仰も同じですね。自分の考えだけで信仰を確立するのではなく、私たちの良心から受け取る神様からの信仰を見いだす時に、自分の心が開き、神様の愛に包まれるものです。クリスマスは私たちの心にこの父なる神様の愛を受け取る時です。

※エーリッヒ・フロム（1900-1980） ドイツの社会心理学、精神分析、哲学の研究者

「…その出現は昔から、永遠の昔から定まっている。」
[ミカ5：2]

父なる神様はどこまでもイエス様を信頼し、イエス様のために全てを犠牲にするお方です。「神のほうからその実在を現してくださらなければ私たちの魂には神の実在を信じる力はない」と、シモーヌ・ヴェイユが言います。このクリスマスは父なる神様が天地創造の時からあるその愛をこの地上に現した日です。それは、罪が生まれる前からある犠牲の愛で、処女降誕としてマリアのうちに宿り、神であり人でもあるイエス様が生まれるのです。

12月5日

天地創造の愛②

「…おまえの子孫と女の子孫の間に置く。…」

[創世3：15]

クリスマスは父なる神様が天地を創られた時と同じように、身を引く行為で愛を現しました。※父なる神様は天地を創られた時、ご自分自身だけで満足するのではなく、人間に使命を与え、任せ、ご自身は身を引きました。そして、クリスマスにも同じように、イエス様が父なる神様の思いに従うことによって、人間のために救いを完成させるために身を引きました。イエス様が私たちのために十字架に架(か)かることをよしとされたのでした。

※シモーヌ・ヴェイユ（『超自然的認識』勁草書房）

12月6日

天地創造の愛③

あなたは見ておられました。労苦と苦痛を　じっと見つめておられました。　　　[詩篇10：11～17]

「神の不在は完璧なる愛のもっとも驚嘆すべきことだ」とシモーヌ・ヴェイユは言います。どうしてかというと、それは、十字架の上の父と子の深い愛がそれです。見えるところでは、それは不在です。でも、そこに見えないけれども、ご自身の身を引きながら、自分のひとり子であるイエス様と共に痛みをわかち合う父なる神様の愛はそこにあるのです。父なる神様の愛は身を引く行為として、痛みに寄り添うという犠牲の愛を現したのです。

12月7日

父なる神様の愛

主よ 彼らはあなたの御顔（みかお）の光の中を歩みます。

［詩篇89：15］

クリスマスは私たちが喜ぶためではなく、私たちの暗闇に喜びとしてイエス様が来てくださった日です。その光は父なる神様の愛を示した一点の光でした。それは何があっても見捨てない、その苦しみを負い、共に痛みを担う愛がここにあることを知らしめるためです。父なる神様がひとり子を送ることをよしとされた日です。それは、私たち罪人がイエス様の十字架により、父なる神様の愛のもとへと迎え入れられるためにある日なのです。

12月8日

神は、実に、そのひとり子をお与えになったほどに世を愛された。 [ヨハネ3：16]

父なる神様がイエス様をこの地上に送られたのは、私たちに永遠のいのちを与えるためでした。イエス様の十字架は、永遠のいのちである、三位一体なる神様の愛の内への招きです。そこからこの地上に愛を放つための新しい自分が始まるのです。ヨハネ３章16節の「滅びることなく」ということばは、主語は動詞の中にあるという意味の中動態で、滅ぼさないという意味ではなく、滅んでほしくないから神様が助けるためにそこにいるという意味なのです。

12月9日

彼は多くの人の罪を負い、 背いた者たちのために、とりなしをする。」 [イザヤ53：9～12]

シモーヌ・ヴェイユはクリスマスも十字架にイエス様が架かる金曜日と同じように苦悩の日だと言いました。※十字架を見上げるとき、そこに父なる神様の涙の犠牲と忍耐の決断を見ます。父なる神様がイエス様を見捨てるという考えは、ここには当てはまりません。なぜなら、この十字架は三位一体の神様の愛の御業(みわざ)だからです。そしてそこにはお互いを信頼し、愛し合う愛があります。その三位一体の犠牲の愛が十字架の上から私たちに注がれたのです。

※シモーヌ・ヴェイユ(『超自然的認識』勁草書房)

12月10日

痛みの時代に

この方は主を恐れることを喜びとし、その目の見るところによってさばかず…。 [イザヤ11：1〜5]

クリスマスは父なる神様が地上のいろいろな痛みを感じ、救いの手を差し伸べた時です。地上には人々の嘆きと悲しみが満ちあふれていました。この時代には神様の愛を表現する動詞がありませんでした。自分を顧みずに他者を思うという愛がない時代に、人々は自分中心に生きていたわけです。どうしても、人間の力だけでは解決できないことだらけでした。そんな時代に父なる神様は大切なひとり子をこの地上に送ることを決意したのです。

12月11日

あなたは身ごもって、男の子を産みます。その名をイエスとつけなさい。 [ルカ1：31～33]

父なる神様の計画がこの地上に降りてきたのがクリスマスです。約2000年前のローマ帝国では、500年続いた共和制が終わり、一人の人間が皇帝となり、国を支配する時代がちょうど始まったばかりでした。人々は歴史を支配する神様が自分たちを見捨ててしまったという感情があったはずです。長い内乱もあり、緊迫した時代でした。人々の落胆と絶望の中に舞い降りた計画でした。一点の希望の光として一人の乳飲み子がこの地上に生まれたのです。

12月12日

社会的時代背景

飢えた者を良いもので満ち足らせ、富む者を何も持たせず追い返されました。 [ルカ1：51～54]

2000年前は社会的にも堕落した時代でした。人口の約３分の１の人たちが国から無料で穀物を受け取っていて、貧しい人たちがたくさんいました。階級社会で、将来に希望をもつことができない時代でした。今の現状にあきらめるしかないような生活でした。ローマ帝国初代皇帝のアウグストゥスが姦通処罰法を作らなければならないほど社会には悪徳や不正がはびこっていたのです。希望がもてない時代に、父なる神様の計画を通して希望が放たれたのです。

12月13日

信仰的時代背景

「…信じる者がみな、人の子にあって永遠のいのちを持つためです。」 ［ヨハネ3：15］

当時は、禁欲的に生活することを善としたストア派の人たちや、「人はどう生きるべきか？」と問うことを重んじる律法的な人たちが多くいました。苦難や貧困などから、見えるところには苦しみしかないとし、二元論的なコスモス論が流行りました。そんな時代に父なる神様はひとり子であるイエス様をこの地上に送りました。それは、見えるところに愛と赦しの十字架を立て、そして、見えない世界にあるいのちの泉と希望を伝えるためでした。

12月14日

主を見上げる私たち

わたしは　ダビデに一つの正しい若枝を起こす。　[エレミヤ23：5〜8]

イエス様が十字架の上で犠牲になったその背後には、父なる神様の愛があることに気づく時、本当の意味で十字架の救いの意味を受け取ることができるように感じます。父なる神様は私たちの問題の解決としてイエス様を送ったのではなく、その混沌としたただ中に希望として送りました。それは人間が自分の問題を解決して自分の殻の中に閉じこもるのではなく、問題があっても神様を見上げて生きていけるように希望の光を与えたのです。

12月15日

ヨセフの決断から

二人がまだ一緒にならないうちに、聖霊によって身ごもっていることが分かった。　[マタイ1：18]

父なる神様の大いなる計画はナザレという田舎町に住む、信仰深い二人、ヨセフとマリアに託されます。

でも、その計画を受けた二人には思いがけない恵みであると同時に大きな試練の時でもありました。それは結婚を決めたヨセフが聖霊によって身重になったという許嫁（いいなずけ）であるマリアを受け入れるという試練でした。ヨセフは正しい人だったので、このことが表沙汰になる前に離縁しようとしました。それはマリアを思うゆえの決断でした。

12月16日

預言の成就

見よ、処女が身ごもっている。…その名をインマヌエルと呼ぶ。 [イザヤ7：14]

結婚前に子どもができるということが犯罪であった時代。聖霊によって身ごもったことを町の誰も信じないでしょう。そんな中で一人葛藤していたヨセフに主の使いが現れて、心配しないでマリアを妻として迎えなさいと伝えました。それは、主が預言者を通して、「処女が身ごもっている。そして男の子を産み、その名をインマヌエルと呼ぶ」と預言したことが成就するためでした。ヨセフとマリアを通して父なる神様が現した人類を救うための計画です。

12月17日

「…その胎に宿っている子は聖霊によるのです。…」 [マタイ1：20]

ヨセフは眠りから覚めた後に、主の使いが命じたとおりに、マリアを妻に迎えました。それは目に見える形では何の証拠もないものです。ただ神様を信じるしかない道です。時には本当に聖霊による子どもなのだろうかと疑うこともあったはずです。それでもヨセフの心は見えない神様からの声だけに頼っていました。見えない神様を信じている私たちは、時に葛藤しながらも、見えるものではなく、見えない神様により頼むことが大切です。

12月18日

主の使いが命じたとおりにし、自分の妻を迎え入れた…。[マタイ1：23～25]

信仰は確信ではなく、どうなるかわからないことを受け取るという信頼です。あなたが願いが叶（かな）った時だけ神様を感じ、確信を得ているなら、それは信仰ではないかもしれません。ヨセフは確信がないまま、それでも父なる神様の計画を信頼し続けました。そこに本当の信仰があるのです。それは自分の計画よりも神様の計画を信頼し、受け取る道です。それでも神様が共にいてくれると、父なる神様の大きい愛を信じて受け取る道なのです。

12月19日

「…私は主のはしためです。どうぞ、 あなたのおことばどおり、この身になりますように。」［ルカ1：38］

神様が聖霊によって子を授かるとマリアに告げた時に、マリアは「私は主のはしためです。…おことばどおり、この身になりますように」と返事をしました。マリアが受け取った恵みは人間の理解を超えたものでした。どうしたって理解できないことです。マリアはその時にどうにかして理解しようと自分の中を探ったのではなく、自分をはしためですと低くし、空っぽになり、神様からの恵みを受け取りました。ただ神様を見上げたのです。

「恐れることはありません、 マリア。あなたは神から恵みを受けたのです。…」 [ルカ1：30]

マリアは孤独でした。聖霊によって身ごもったことを町の人は誰も理解してくれません。ヨセフは理解したでしょう。でも、弱さをもつ人間です。彼を疑ったり、彼に疑われたりしたはずです。この葛藤は自分だけのものです。街の人から嫌な目で見られ、軽蔑され、みんなが離れていく。どうして、こんなことになったのかと思ったはずです。でも、父なる神様はそんなマリアに居場所として、親戚のエリサベツを用意してくれていたのです。

12月21日

マリアの賛歌

「あなたは女の中で最も祝福された方。あなたの胎の実も祝福されています。」　[ルカ1：39〜42]

エリサベツはマリアと出会った時に胎内の子が踊ったと聖書にあります。二人がこの奇跡を確かめ合った瞬間でした。幼いマリアはどうして神様は私に普通の幸せを下さらないのかと思ったかもしれません。でも、この瞬間に自分が選ばれたことを受け入れました。その時、彼女は誇るのではなく、へりくだるのです。そこでマリアの賛歌を歌います。自分のような身分の低い、この主のはしためにも目を留めてくださったと主を崇めるのです。

「…私の霊は私の救い主である神をたたえます。
…」 [ルカ1：43～48]

エリサベツと３か月過ごした中で、マリアは、共に主を礼拝し、主に従うことを学んだはずです。そして、主に従う勇気を得て、もう一度ナザレに帰ります。でも、人の目や偏見は怖かったはずです。でも、帰って来たマリアをやさしくヨセフは抱きしめたはずです。そして、二人は主を崇めました。二人で主に従う準備を整えたのです。これから皇帝アウグストゥスが住民登録の勅令を出し、二人はベツレヘムに向かう厳しい旅に出るのです。

12月23日

いいなずけの妻マリアとともに登録するためであった。　[ルカ2：1～5]

ナザレからベツレヘムまで約140キロの険しい山々を超える旅です。二人はいろんな試練にあったことでしょう。それでも主を見上げていく二人。そこは信仰の旅。二人は必死だったはずです。時には、二人の力ではどうすることもできないということもあったかと思います。でも、その度に、二人の絆(きずな)は強まっていったはずです。身重なマリアを支え続けるヨセフ。二人は救い主が生まれるという父なる神様からの計画を仰ぎ見ていたはずです。

メシアの誕生と羊飼い

宿屋には彼らのいる場所がなかったからである。
[ルカ2:6〜14]

やっと着いたベツレヘムでその瞬間は来ました。救い主が誕生する瞬間です。でも、そこには宮殿も、高価なベッドもありません。この世を救うメシアが生まれるのに、部屋も無いし、ベッドも、安心と安全もありません。二人の心境はズタズタだったことでしょう。本当に生まれてくる子はメシアなのか。もし、誰も見向きもしなかったらどうするのかと心配だったはずです。そんな時に父なる神様は羊飼いたちを導き、彼らのもとに送りました。

12月25日

羊飼いたちとの礼拝

羊飼いたちは…神をあがめ、賛美しながら帰って行った。 [ルカ2：14～20]

飼葉桶に寝ているのは乳飲み子で、マリアにとっては初めての子です。母としてはうれしい瞬間です。でも、主を慕うしもべとしてはこの子がメシアなのか不安でした。そんな時に向こうから人口調査にも数えられない羊飼いたちがやってきました。救い主の誕生のお告げを聞き、礼拝しに来たのです。ここで初めてヨセフとマリアは確信をもてたことでしょう。確かにメシアが生まれました。世の中の中心ではなく、貧しく、希望のない場所に。

12月26日

メシアを礼拝する

母マリアとともにいる幼子を見、ひれ伏して礼拝した。 [マタイ2：10、11]

誰も見向きもしないような場所で救い主はお生まれになりました。それはまさに暗闇に照らされた光のような存在です。そこへ東方から救い主の誕生を知らせる星を追っていた３人の博士たちが黄金と没薬と乳香を持ってきました。二人だけでは父なる神様を心から見上げられなかったかもしれません。でも、寄り添うように集まった羊飼いと博士たちと主を喜んだ（礼拝した）のです。そして、この子が救い主だと確信を深めていったはずです。

12月27日

主は私の闇を照らされます。　[詩篇18：28]

クリスマスの光は暗闇をかき消すネオンの光ではなく、暗闇を照らす一点の光です。羊飼いや博士たちが見た光はイエス様が放つ希望の光でした。人生の暗闇を通る時、シモーヌ・ヴェイユはただ、暗闇の中に沈黙をといいます。それは、この一点の光を信じ、見つけるのではなく、照らされることを待つ信仰です。そのためには何か解決への行動ではなく、耳を傾ける静寂が必要です。神様からのささやく声を聞く。これが私たちの信仰です。

12月28日

光は闇の中に輝いている。闇はこれに打ち勝たなかった。　　　　[ヨハネ1：4、5]

クリスマスに、暗闇を照らす一点の光が放たれました。それは、父なる神様の犠牲の愛を私たちに伝えるためです。イエス様がこの地上に来られ、十字架に架かったことは、私たちの罪の赦し以上のものです。それは私たちが赦され、神の愛のもとに聖い愛を現すものとして生かされ続けていく人生のためです。「神様が私たち愛し、そして私たちはその愛で人を愛することができる」。

これがクリスマスに神様が私たちに下さったものです。

12月29日

「聖霊があなたの上に臨み、 いと高き方の力があなたをおおいます。…」 [ルカ1：34～37]

クリスマスは父なる神様の犠牲の愛を受け、私が私の思いから離れて、その愛を放つために生きる決心をする時です。それは、主語が私ではなく、神様になることです。私は神様に認められるだろうかと、半信半疑になるのではなく、絶対的に神様の家族として迎え入れられているということを知り、そこから神様が始めてくださる私を受け取る時です。できるできないというはかりを壊し、できなくても主が導く道を歩む決心をする時です。

12月30日

人のためのクリスマス

「…彼女は涙でわたしの足をぬらし、自分の髪の毛でぬぐってくれました。…」[ルカ7：36～38、44～48]

私たちが自分の思いをわきに置く時、人のための居場所を作ります。イエス様がそうされたように、私たちも人の居場所になりたいと思います。クリスマスはイエス様が自分ではなく、あなたを選んだ時です。あなたのためということばの奥には、その愛をあなたが受け取るだけでなく、その愛を今度はあなたが誰かに渡す使命があるのです。その意味で、クリスマスはあなたのためではなく、誰かへのクリスマスを、その愛を、あなたが伝える時です。

12月31日

だれも彼らをわたしの手から奪い去りはしません。 [ヨハネ10：28]

私たちは父なる神様から永遠のいのちを与えられています。永遠のいのちとは、インマヌエルの神様であるイエス様が、私たちと今を共に生きてくれるという恵みなのです。クリスマスはもう一度、神様が私たちと共におられ、永遠のいのちの内に私たちを守ってくれていることを覚える時です。たとえ孤独を感じても、イエス様はそこにおられます。暗闇を照らす一点の光が私たちに永遠へと続く希望と恵みを与えてくれるのです。主が私たちの喜びです。

おわりに

皆さん、この本を手に取ってくださり感謝します。

このディボーションブックは、こうしたらこうなるという信仰生活の How to 的なものが書かれているわけではありません。それは、以前私が信仰生活を確立しようと聖書を頑張って読んで挫折をした経験があるからです。

自分の信仰のために聖書を読んでいると、教えてくださいと祈りながらも、自分の欲しい答えを探しているようで苦しくなりました。それなので、思い切って神様を知るためにだけ聖書を開くようにしてみました。

そうすると、少し経ってから、自分ではどうすることもできないで葛藤する弱い私を神様が抱きしめてくれた瞬間があったのです。

それは、十字架が迫ってきた時でした。こんな私のために死んでくださったイエス様の愛に包まれた時、私は涙を流し、そして、本当の意味でイエス様と出会ったのです。この本は神様と出会うために読んでほしいと願いを込めて、毎月のタイトルを決めました。前書きに書いてある「祈りのことば」もぜひ活用していただけたら嬉しいです。

超越した神様と皆さんが出会い、奇跡を体験し、この日本に暗闇を照らす一点の光が皆さんを通して輝きますように祈りつつ。

2022年 11月

中村 穣

著者
中村穣（なかむら・じょう）

日本の社会になじめず、18歳のときにアメリカへ家出。
ひとりの牧師に拾われて、アメリカでの生活が始まる。紆余曲折を経ながらも大学を卒業。助けられた恩師と同じ職に就きたいと、牧師になる決意を固める。
2009年、米国のウェスレー神学大学院を卒業し、帰国。上野の森キリスト教会で宣教主事として奉仕。上野公園でホームレス伝道に携わる。
2014年から飯能の山キリスト教会を立ち上げ、教会カフェを始める。
現在、地元の聖望学園で聖書を教えつつ、自由学園明日館、JTJ宣教神学校でキリスト教思想史哲学の講座を担当している。

聖書 新改訳2017©2017 新日本聖書刊行会
許諾番号4-1-821号

装丁・挿画＝屋島志緒…web site「Photo Salt.」  Instagram

366 日のディボーション
弱さと闇を照らす光 ～神はあなたを見捨てない～

2023年1月1日　発行

著　者　　中村穣
印刷製本　日本ハイコム株式会社
発　行　　いのちのことば社
〒164-0001 東京都中野区中野2-1-5
電話 03-5341-6924（編集）
03-5341-6920（営業）
FAX 03-5341-6921
e-mail：support@wlpm.or.jp
http：//www.wlpm.or.jp/

ISBN 978-4-264-04398-0